오늘의 기독교 영성 이해

마이클 다우니 지음

안성근 옮김

오늘의 기독교 영성 이해
초판 발행: 2001년 11월 15일
제5판 발행: 2024년 9월 2일

지은이: 마이클 다우니
옮긴이: 안성근
발행처: 은성출판사
등록: 1974년 12월 9일 제9-66호
© 2001년 2011년, 2024년 은성출판사

주소: 서울 강동구 성내로3길 16(은성빌딩 3층)
전화: (031) 774-2102
팩스: (02) 6007-1154
http://eunsungpub.co.kr
e-mail: esp4404@hotmail.com.

출판 및 판매에 관한 모든 권한은 본 출판사가 소유하고 있습니다. 출판사의 사전 서면 허락 없이 번역, 재제작, 인용, 촬영 등을 할 수 없음을 알려드립니다.

ISBN : 979-11-92914-42-8 93230
Printed in Korea

Originally published in English under the title of Understanding Christian Spirituality by Michael Downey. Published by Paulist Press, in U. S. A. in 1997.All rights to this book, not specially assigned herein, are reserved by the copyrights owner. All non-English rights are contracted exclusively through Paulist Press.

Understanding
Christian Spirituality

by

Michael Downey

translated by

Sung Kun An

목차

역자 서언 7

서문 9

제1장 오늘의 기독교 영성 이해 13
    1. 현대 영성의 경향 / 15
    2. 영성이란 무엇인가? / 24
    3. 왜 영성인가? / 29
    4. 문화 상황 속에서 제기되는 주제들 / 35
    5. 종교와 영성: 두 개의 길? / 39
    6. 결론 / 42

제2장 기독교 영성이란 무엇인가? 45
    1. 인간: 세상 속에 있는 영 / 48
    2. 하나님의 영 / 52
    3. 하나님의 영, 그리스도의 영: 성령 / 53
    4. 성령에 대한 이해 / 53
    5. 기독교 영성 / 60
    6. 기독교 영성은 삼위일체 영성 / 65
    7. 여러 가지 기독교 영성 / 67
    8. 결론 / 71

제3장 살아 있는 영성 전통 73
    1. 역사와 전통을 향함 / 74
    2. 과거를 바라보는 두 시각 / 76
    3. 전통 속에서 안식처 찾기 / 77
    4. 전통의 풍부함을 회복하기 / 82

5. 역사로부터 배우기 / 82
　　6. 역사 다시 보기 / 90
　　7. 전통으로부터 미래를 장식하기 / 92
　　8. 결론 / 99
제4장 가톨릭 영성의 신학적 방향 101
　　1. 거룩한 백성 / 102
　　2. 성경의 중요성 / 107
　　3. 예배 공동체 / 110
　　4. 세상과 대화하는 하나님의 백성 / 115
　　5. 결론 / 119
제5장 기독교 영성의 경향 121
　　1. 문제점 / 146
　　2. 교정책: 십자가 / 147
　　3. 결론 / 149
제6장 기독교 영성학 151
　　1. 기독교 영성은 무엇을 연구하는가? / 154
　　2. 영성 연구를 위한 핵심 사항 / 158
　　3. 어떻게 영성을 연구하는가?: 방법과 접근법 / 162
　　　　1) 신학적 방법론 / 163
　　　　2) 역사적 방법론 / 166
　　　　3) 인간론적 방법론 / 169
　　　　4) 상관적 방법론 / 171

4. 새로 나타나는 영성들 / 174
      1) 여권주의 영성 / 174
      2) 해방 영성 / 178
      3) 생태 영성 / 180
      4) 다원주의 영성 / 182
      5) 한계성 영성 / 184
   5. 영성 교육 / 186
   6. 결론 / 189

제7장 체계화된 기독교 영성 191
   1. 기독교 영성을 위한 길잡이 원리 / 193
   2. 결론 / 197

참고 자료 199

역자 서언

　나는 영성을 전공하는 한 사람으로서 기독교 영성에 대한 개론서가 절실히 필요하다는 것을 느끼다가 1999년 미국 풀러 신학교 서점에서 구입한 마이클 다우니의 『기독교 영성』을 접하면서 현대 영성의 전반적인 흐름을 잡을 수 있어서 참으로 좋았다. 뉴욕의 포담 대학에서 영성지도를 공부하던 중, 이번 가을 학기에 "현대 기독교 영성"이라는 과목에서 이 책이 주 교재로 사용되는 것을 보면서, 이 책이 가톨릭에서 중요하게 취급되는 책이라는 것을 다시 한 번 느낄 수 있었다.
　나는 장로교 목사로서 영성을 공부하기 위해 영성의 본 고장이라고 할 수 있는 가톨릭 대학교에서 영성을 전공하는 것이 얼마나 힘든 일인지 뼈저리게 느끼고 있다. 전에 공부하던 신학교와는 전혀 다른 학교의 분위기가 나를 힘들게 했다. 신부들과 수녀들에 둘러싸여서 마치 이방인처럼 홀로 있는 나의 모습을 보면서 어떻게 영성을 개신교 전통, 특히 장로교 전통과 접목할 수 있을 것인지 심각하게 고민하게 되었다. 특히 아직 한국에서는 영성과 영성 지도가 낯선 학문인데도, 이곳 미국의 가톨릭 신학교는 물론이고, 여러 개신교 신학교와 영성 센터에서 영성 지도자를 양성하는 프로그램이 확실하게 자리잡고 있는 것을 보며 새삼 놀라기도 했다. 특히 장로교 신학교인 샌프란시스코 신학교는 영성 지도 부분에서 미국에서 앞서 가는 신학교이고, 요즘에는 콜롬비아 신학교를 주축으로 미 주요 도시에 있는 장로교 신학교인 어스틴, 피츠버그, 위트워스 대학이 공동으로 영성에 대한 강의와 영성 지도자 양성 프로그램을 시작하고 있는 것을 보면서 영성이 유행이 아니라 신학교 교육과 목회에 있어 핵심이 되는 것임을 신학교에서 간파하고 있음을 깨달을 수 있었다. 이런 미국의 상황과 비교해 볼 때, 한국에서도 영성에 관한 관심이 많이 생겨나고, 영성 연구소 등도 설립되고 있지만, 구체적인 영성 지도자를 교육할 인재와 프로그램이 없는 형편이다. 그러나 몇 년 후에는 영성을 전공한 사람들이 귀국해서 이러한 일들을 구체적으로 진행해갈 것을 소망한다.

이 책은 가톨릭 신학자의 책이고, 특정한 영성 인물과 영성 용어들이 가톨릭교회에서는 이미 자신들의 언어로 사용하고 있다. 이 책은 개신교 신학생과 목회자에게도 읽혀질 것이지만, 동일한 영성 용어를 다르게 사용할 때 혼란이 생길 것 같았다. 그래서 포담 대학에서 함께 공부하고 있는 신경남 신부에게 이 번역본의 용어를 교정해 달라고 부탁했다. 학기 중이라 공부할 분량이 많은데도 불구하고 격려의 글과 함께 몇 가지 용어들을 교정해 주었다. 신 신부의 도움이 없었더라면 이 책은 완성되지 못했을 것이다.

또한 이 책을 위해 처음부터 함께 이야기하고 토론했던 김용재 전도사에게 감사하고, 번역이 늦어짐에도 불구하고 인내로 참아 주시고, 영성 도서들을 사명을 가지고 출판하고 있는 은성출판사의 최대형 장로님께도 감사를 드린다. 그리고 긴 번역 작업을 하면서 다소 소홀히 했던 나의 소중한 가족인 아내 이주아, 두 아들 새힘이와 두레에게도 미안함과 함께 깊은 감사를 보낸다.

2001년 가을 포담 대학에서
안성근 목사

서문

단어의 풍부함은 다양한 의미를 만들어내는 단어의 능력에 달려 있다. 한 단어가 가진 뜻은 그것이 쓰여진 배경에서 이해된다. 사랑이라는 말을 예로 들면, 이 단어는 사람들의 생각에 따라서 여러 가지 의미를 갖게 된다. 어떤 사람은 아이스크림을 사랑한다, 하와이의 날씨를 사랑한다고 말한다. 또 어떤 사람들은 사랑이라는 단어는 다른 사람을 향해 갖는 깊은 감정적 반응을 표현할 때만 사용되어야 한다고 주장하기도 한다.

교회에서는 제2차 바티칸 공의회 이후부터 사람들 사이에서 회자되기 시작한 '체험'과 '공동체'라는 단어가 핵심 용어가 되어 왔다. 이 두 단어가 교회에서 매우 빈번하게 사용되었지만 그 의미는 분명치 않았다. "영성"이라는 단어도 이런 단어 중 하나이다. "사랑" "체험" "공동체" 같은 단어와 함께 "영성"이라는 단어도 매우 많은 의미를 지니고 있음을 보게 된다. 따라서 이 책의 목적은 "영성이란 무엇인가?"와 "기독교 영성이란 무엇인가"라는 물음에 대해 고찰해 보려는 것이다.

오늘날 영성에 관한 관심은 그 기원과 확장에 있어서 기독교 세계를 넘어서고 있다. 영성에 대한 새로운 관심이 일고 있는 오늘의 현실에 대한 저자의 관점은 기독교인 특히 가톨릭 신학자의 시각에서 접근했다. 따라서 나의 관점은 제한적일 수밖에 없다. 또한 이 책에서 다루고 있는 영성에 대한 이해도 '기독교 신앙'을 토대로 형성된 것이다. 따라서 나의 주된 관심은 특별히 기독교 영성의 본질과 범위에 대해서 논의하려는 데 있다. 그러나 저자는 이 논의를 현재 종교 영성과 비종교 영성 가운데 일어나고 있는 영성의 여러 경향들과 운동들의 관점에서 접근하려고 한다.

이 책은 기독교인들, 특히 오늘날 많이 거론되고 있는 영성이라는 단어의 의미를 알기 원하는 가톨릭교도들에게 흥미로울 것이라 생각한다. 이 책은 대학 3, 4학년생들과 대학원 첫 학기에 들어선 학생들, 그리고 교회의 학습 그룹, 수양회 인도자들, 영성 지도자들, 더 나아가서 기독교 신앙의 여러 단계에 속해 있는 기독교 신자들을 염두에 두었다. 그러나 현대 영성이라는 거대한 틀 속에서 기독교 영성의 특별한 요소들을 배우기 원하는 모든 사람을 위해 쓰여졌다.

제1장에서는 현대 영성에 대해서 개관하고, 영적인 것에 관한 관심이 왜 일어나게 되었는지 그 이유에 대해서 설명하고 있다. 특히 영성의 의미를 축소하지 않으면서, 영성의 본질과 범위를 규명함으로써 영성이라는 단어의 의미를 설명하고 있다.

제2장에서는 기독교 영성의 문제를 지식, 자유, 사랑을 통해서 개인의 인격적 통합을 이루려는 사람들의 보편적인 추구라는 관점에서 특별히 다루고 있다. 그리고 그리스도 안에 있는 생명이 만들어 내는 영성의 다양성을 밝히기 위해서 기독교 영성의 핵심 단어인 영, 성령, 하나님의 영, 그리스도의 영 등을 설명한다.

제3장에서는 진정한 기독교 영성은 기독교 전통과의 관계 속에서 표현되었음을 밝히고 있다. 저자는 기독교 전통을 너무 소박하고 감상적인 방식으로 바라보는 오늘날의 일반적인 성향을 주목하면서 기독교 전통을 좀

더 냉철하게 읽고, 비판적인 안목으로 대할 것을 제안한다. 이는 현 시대가 요구하고 있는 긴급한 요구를 향해 기독교가 적절하게 응답하게 하고, 살아 있는 기독교 전통 속에서 가능한 미래를 만들어 내기 위해서이다.

제4장에서는 제2차 바티칸 공의회가 밝힌 몇 가지 핵심적인 교의인 성경에서 말씀이신 그리스도의 중심성, 성례전의 근본적이면서 삶을 형성하게 하는 역할, 거룩함으로의 보편적인 부르심, 교회와 세상 가운데 역사하는 성령의 임재 등을 새로운 기독교 영성을 방향 짓는 원리로 다루고 있다.

제5장에서는 현재 기독교 영성의 괄목할 만한 흐름들을 살펴보면서 전혀 새로운 제3천 년대에는 어떠한 영성이 주류를 이룰 것인지 그 모양새를 가늠해 보고 있다. 기독교 영성의 모든 경향들이 참된 것이라고 말할 수 없기 때문에 오늘날 교회와 세상에서 그리스도 안에서 살려는 사람들을 계속 괴롭히는 문제가 무엇인지 밝힐 필요가 있다.

기독교 영성에서 가장 중요한 발전한 중 하나는 기독교 영성을 연구하기 위한 독특한 학문이 출현한 것이다. 제6장에서는 기독교 영성을 연구하기 위한 네 가지 주요한 방법에 대해 설명했고, 기독교 영성을 이해하기 위해서 아직도 계속 발전 중에 있는 다섯 가지 접근법에 대해서도 서술해 놓았다.

마지막 장에서는 현대 기독교 영성의 가장 중요한 특징을 자세히 기술하고, 기독교 전통과 인간의 삶, 인류 역사, 세계, 교회 가운데 현존하는 성령의 계속적인 임재와 활동을 통해 체계화된 기독교 영성을 이해하고, 이 영성 속에서 살려는 사람에게 길잡이가 될 원리를 제시하고 있다.

저자가 이 책을 연구하고 저술하는 가운데 도움을 준 사람에게 많은 빚을 졌다고 말할 수 있어서 기쁘다. 내가 처음으로 감사의 뜻을 표하고 싶은 사람들은 사우스 캐롤라이나에 위치한 맵킨 수도원의 시토회 수도사들이다. 그들은 내가 이 책을 저술하는 동안 자신들의 집을 내주었다. 그곳의 대수도원장인 프란시스 클래인의 환대 덕분에 기도와 노동이라는 수도원의 리듬을 충분히 누릴 수 있었다. 그 곳에 머무는 동안 저자는 신입 수도사들과 이 책에 대해 토의할 기회를 갖게 되었다. 그들의 세심한 관찰과 건설적인 비판은 기독교 영성에 대한 몇 가지 나의 생각을 명료하게 하는 데 도움이 되었다. 프레드 핵켈과 델 베넷은 나의 원고를 읽고, 격려의 말도 아끼지 않았다.

또한 이 책을 저술할 수 있도록 후원해 준 벨라민 대학(Bellarmine College)에 감사한다.

리지나 베츨, 크들린 디그난, 부루스 레쳐, 제임스 와이즈먼 같은 기독교 영성 분야에 있는 나의 동료들은 이 책의 원고를 기쁜 마음으로 읽어 주었다. 나의 동료이자 친구이며 동시에 이웃인 토마스 라우쉬는 기독교 영성을 연구하는 나를 계속 격려해 주었다.

마크 오키프는 "모든 손님들을 그리스도처럼 대접하라"는 성 베네딕트의 말처럼 나를 받아들이고 격려해 주었다. 그의 다정다감한 친절 덕분에 이 책이 지연되지 않고 완성될 수 있었다.

본 책을 출판한 폴리스트 출판사(Paulist Press)의 편집장인 리처드 스파크는 여러 차례 책이 지연되는 것을 바라보면서도 인내해 주었고, 캐더린 웰쉬는 출판의 마지막 부분에 많은 애를 써주었다. 그 외에 책의 출판에 도움을 준 여러 사람에게 깊은 감사의 뜻을 전한다.

제1장

오늘의 기독교 영성 이해

오늘날 많은 사람이 깊은 영적인 필요를 느끼고 있다. 그러나 긴 역사, 깊고 강한 뿌리를 갖는 영적인 전통에 친숙한 사람에게는 영성이라는 것이 그리 새로운 것이 아니다. 어떠한 관점으로든, 흥미있는 사실은 사람들의 이런 영적인 필요를 만족시킬 수 있는 많은 다양한 방법들이 존재한다는 것이다. 1990년대 베스트셀러 목록은 여기에 좋은 예가 된다. 클래리사 이스트의 『늑대들과 함께 달리는 여인』(Women Who Run With the Wolves), 제임스 레드필드의 『천상의 예언』(The Celestine Prophecy), 베티 에디의 『빛에 휩싸여』(Embraced by the Light) 등과 같은 책들은 장기 베스트셀러가 되어왔다. 마리안 윌리엄슨의 『사랑으로의 복귀』(Return to Love)나 『깨달음』(Illuminata: Thoughts, Prayers, Rites of Passage) 등도 이런 부류에 속한다. 그녀는 새 영성의 전당에서 스캇 팩(M. Scott Peck)과 같은 위치에 놓이게 되었다. 확실치는 않지만 1990년대 영성의 전당에 들어선 가장 중요한 사람으로 토마스 무어(Thomas Moore)를 뽑을 수 있는데, 사람들은 그의 화제작 『영혼의 돌봄』(Care of Soul)을 가리켜 영적인 대작이라고까지 평가한다. 서점마다 빽빽이 꽂혀 있는 천사 관련 서적들은 더 말할 나위도 없다. 영적인 책이라고 할 수는 없지만 교황 바오로 2세의 『희망의 문을 넘어서』(Crossing the Threshold of Hope)는 1990년대 중반 영성 관련 서적의 정상에 있던 영성 작가들을 한 계단

내려오게 만들었다.

월던북스(Waldenbooks), 크라운 북스(Crown Books), 달톤(B. Dalton), 반즈앤노블(Barnes & Noble) 같은 대형 서점을 찾는 사람들은 서점에서 진열해 놓은 방식에 큰 변화가 생겼다는 것을 쉽게 알 수 있다. 영성에 관심 있는 사람이라면 "영성 관련 도서"라는 푯말이 붙어져 있는 서가로 먼저 발길이 옮겨질 것이다. 그런데 그 곳에 가 보면 성경은 별로 없고, 유대교 관련 서적 조금과 스캇 팩이나 토마스 무어의 책들이 진열되어 있다. 그리고 임사(near-death) 체험에 대하여 간략하게 써놓은 책들과 동양 종교에 바탕을 둔 명상에 대한 책들이 있다. 조셉 거존의 『조수아』(Joshua)와 그의 다른 책들, 그리고 『기적 코스』(A Course in Miracles)에서 파생된 여러 종류의 책도 발견할 수 있다. 그리고 가끔씩 겟세마니 수도원이 자랑하는 토마스 머튼의 책이나 그와 관련된 책들이 그 곳에 있다. 시간이 있고 기력이 아직도 남아 있다면 영성 도서들이 다른 서가에도 있다는 것을 발견할 수 있다. "역사," "자기계발"(self-help), "여성학," "자서전," "관계", 그리고 기타 다른 부분에서도 영성 관련 책들을 쉽게 찾아볼 수 있다.

"영성"과 관련된 신간 대부분은 쉽게 말해서 영혼과 거룩함에 초점이 맞추어져 있다. 대부분의 새로운 영성은 현대 서양 문화 가운데 만연해 있는 영혼의 상실 문제를 언급하는 데 관심을 두고 있고, 이런 공백을 채우기 위한 다양한 해결책들이 각기 다른 영성 작가들에 의해 제시되고 있다. 많은 경우, 이런 해결책은 거룩에 대한 인식의 회복을 요구하고 있지만, 거룩이라는 단어의 뜻이 매우 애매하다. 모든 논의의 이면에는 오늘날 대다수 사람들이 상당량의 물질과 물건을 소유하고 있지만 그것에 반비례해서 마음 깊은 곳에서는 불만족은 느끼고 있다는 인식이 있다. 사람들의 영혼 속에는 아픔이 있고, 눈의 즐거움을 만족시키는 것 이상을 갈망하고 있다.

"종교 상품"과 관련된 출판사들은 자신들의 베스트셀러중 상당수가 영성과 관련된 것이라고 자랑하고 있다. 여론 조사 기관인 갤럽의 보고에 따르면, 21세기 비소설 부분에서 판매량이 최고로 증가할 부분은 종교/영성 부분이 될 것이다. 갤럽은 1987년에서부터 2010년 사이 영성 관련 도서의 성장률은 82%에 이를 것으로 예측하고 있다.

현대 영성의 경향

사람들의 영성에 관한 관심은 셀 수 없을 정도로 다양하게 나타나고 있다. 이러한 영성에 관한 관심은 기쁨과 희망을 주기도 하지만, 어떤 것들은 주의와 경고를 주고 있다. 왜냐하면 영성이란 것이 기독교적인 기도와 경건의 실천뿐만 아니라, 주술과 관련되어 있기 때문이다. 영성은 또한 성모 마리아의 발현과 같이 매혹적이나, 성인의 사체가 썩지 않고 보전되는 것 등과 같은 비일상적인 현상을 묘사할 때 사용되기도 한다. 그리고 부두교나 마녀, 악령에 사로잡히는 것 등을 말할 때도 영성이라는 단어를 사용하고 있다. 더 나아가 영성은 자연 치유법에 몰두하거나, 치유와 온전성을 위한 실행 방법 등을 묘사하는 단어로 쓰이기도 한다. 어떤 경우에는 엄격한 체계의 훈련, 명상, 유기농 식사 등이 영적인 훈련으로 사용되기도 한다.

오늘날과 같은 케이블 TV시대에는 "좋은 느낌을 주는" 영성의 언어를 사용해서 사람들의 자아상을 향상시키는 프로그램이 많다. 최근에는 기업체 사장들에 의해 추진되고 있는 일반 수양회가 하나의 추세로 등장하고 있는데, 그들은 수양회에서 기업체의 정체성과 생산성 향상을 통해 개인적 성장을 추구하려는 목적을 가지고 있다. 그러나 이런 운동에서는 영성과 종교 사이에 분명한 경계선을 긋고 있다. 이와 같은 사실을 통해 볼 때 암시적이든 명백한 것이든, 중요한 것은 영성 자체이다. 종교와 종교 전통의 교리를 따르는 것은 어느 정도 도움이 되기는 하지만, 영성생활의 계발에 있어 이것들이 핵심적인 것은 아니다. 영성생활에 있어 종교나 종교 전통, 교파 등은 중요하게 취급되지 않는다. 이런 경향이 현재 미국에서 일어나고 있는 영성의 주요한 운동의 핵심이다.

오늘날 발생하고 있는 가장 주목할 만한 영성의 경향 중 하나는 뉴에이지 영성이다. 이 영성은 새로운 모든 것을 가리키는 말로 쓰이기도 하지만, 항상 그런 것만은 아니다. 뉴에이지 영성은 수정 구슬을 들여다보는 것, 심리학, 유기 농법에 관한 관심, 유기 농산물의 섭취, 통전적인 건강 프로그램, 투시, 자기 계발 등을 포괄하고 있다. 뉴에이지 영성은 이것을 추구하는 사람에게는 긍정적인 의미를 주지만, 이를 반대하는 자들에게는 부정적인 의미를 준다. 어떤 이들은 집중기도(centering prayer)도 뉴에이지 영성에 속한다고 보고 있다. 또한 은혜에 의한 점진적인 성화 개념이 초기 기독교 전통에 확실한 뿌리를 두고 있음에도 불구하고 인간의 성화를 언급하는 것을 뉴에이지로 보기도 한다. 초월 명상, 선(禪), 기(氣)수련, 이라 프로고프(Ira Progoff)의 일기 작법, 침술, 자연 치유법, 기도시 이미지 사용, 꿈 해석 작업, 융의 심리학, 에니어그램과 관련된 기도나 영성, 매튜 폭스(Matthew Fox, 창조 영성을 주장하는 도미니크회 수사로서 원복[Original Blessing]을 강조한다. 그의 책 『원복』은 분도출판사에서 번역 출판됨: 역자 주)나, 창조 영성과 조금이라도 관련된 것은 뉴에이지 영성에 속한다고 보고 있다. 또한 별을 관측하고, 다양한 종류의 바위나 여러 색깔의 돌을 살펴보는 것 등이 영적인 실체에 접근하는 방법이라고 믿어왔다. 영매, 위카(Wicca) 신비 종교, 사탄과 악령에 탐닉하는 것도 뉴에이지 영성에 속하고, 최근 윈드햄 힐 상표를 달고 나온 캘리포니아 풍의 음악이나 이와 비슷한 감미로운 음악도 뉴에이지 영성을 묘사할 때 사용되고 있다.

어떤 이들은 이러한 경향을 참된 영성의 타락으로 보고 있다. 그리고 많은 사람은 뉴에이지 영성을 절충주의적이고 밀교적(密敎的)이라고 평(評)하고 있고, 또한 많은 개인과 종교 단체들은 적 그리스도의 출현으로 보기도 한다. 그러나 뉴에이지 영성은 영적 부페 식당 즉, 이것저것 자신의 입맛에 맞추어 먹을 수 있는 것과 같다. 따라서 이와 같은 상황에서 절실히 요구되는 것은 상당량의 영적인 식별과 제한이다.

두 번째, 현대 영성의 전반적인 경향은 영적인 추구에 있어 심리학적 통찰력에 대한 중요성을 더 많이 인식하고 있다. 영성이 우선적으로 관심을 두는 것이 종교적인 신앙이나 의무가 아닌 거룩함에 대한 체험이기 때문에 심리학적 연구가 영적 발달에 있어 유용한 것이라고 평가되었다. 이런 인식은 인간 발달과 영적 발달이 서로 대립적이고 경쟁적인 것이 아니라, 도리어 상호 연결적이며 보완적인 것이라는 생각에 뿌리를 둔 것이다. 너무 단순화하려는 위험이 있기는 하지만, 영적인 성장과 성숙에서는 인간 성장과 성숙이 전제되어야 한다. 이것은 어려운 법칙이나, 신속한 법칙이 아니다. 미성숙, 무책임, 무자비한 권력 행사, 그리고 비이성적인 행동에 대해서는 사전 경고를 해야 한다. 특히 이것들을 정당화하기 위해 더욱 높은 체계나 영적인 원리에 호소하려 할 때는 더욱 그러하다.

영적인 추구와 관련된 심리학적 연구의 중요성에 대한 인식은 몇몇 사람들이 말하는바 영성의 "심리학화"라는 결과를 만들어냈다. 이는 치료법이 오늘날의 영성에 있어 주된 항목으로 종종 나타난다. 심리학으로부터 영향 받은 이런 영성적 경향은 자신의 초점이 타인과의 관계 개선에 있을 때에도 자기 몰두, 자기 몰입, 자기 고착을 가져올 위험성이 있다. 따라서 대부분의 현대 영성이 사회 정의, 정치적 책임, 경제적 책임 소재 등의 문제에 대해 침묵하고 있다는 비판은 근거가 없는 것이 아니다.

세 번째, 현대 영성의 주목할 만한 경향은 영성의 영감과 훈련의 지침을 얻기 위하여 동양으로 방향을 돌린 점이다. 동양의 단순한 지혜에 대한 폭넓은 관심이 생겨나고 있다. 동양의 영적 전통들 가운데 특히 선(禪) 수련은 단순한 명상법, 마음과 몸의 수련, 몸의 역할에 대한 통찰력, 매일의 일상적 삶에 명쾌함과 집중력을 더해 주는 다양한 몸자세 등으로 인해 특별히 사람들의 관심을 끌고 있다. 많은 사람은 동양의 지혜로부터 자신들이 이미 가진 신념을 긍정해 주는 힘의 원천을 발견하고 있고, 어떤 사람들은 새로운 통찰력과 전혀 다른 세계관, 거룩함에 대한 새로운 이해 등을 갖기도 한다. 토마스 머튼은 많은 기독교인에게 동양에서 접촉한 풍부한 영적 전통들로부터 자신의 신앙을 더욱 고취한 기독교인의 모범으로 자리 잡고 있다.

또한 미국 원주민(Native American) 영성에 대한 강한 관심이 생겨나고 있다. 토착 인디언 영성에는 훌륭한 전통들이 있지만, 현대인들은 영적인 것을 추구하는 데 인디언들과 그 전통을 마치 "늑대와의 춤을" 증후군 같이 종종 낭만적이고 순박한 것으로 인식해 왔다. 이들의 영적 유산은 부분적으로 해석되었고, 현대적 감각, 특히 제도적 종교에 불만을 품고 있는 북미인들의 입맛에 맞추어 대중화되었다. 인디언 영성에 대한 대부분의 관심과 열정들이 순박하고, 낭만적이긴 하지만, 이 영성이 현대 서구인들에게 잘 알려지지 않은 여러 가지 영적 전통들과 인디언들에 대한 진지하고 분명한 이해로 넘치고 있다는 사실이 가려져서는 안 된다.

네 번째 경향은 세 번째와 관련되어 있다. 동양의 종교 전통과 미국 원주민의 영성 가운데 귀한 것 중 하나는 땅의 거룩함에 대한 깊은 인식이다. 현대 서구인들 특히 북미인들은 땅, 생물체, 사물 속에서 거룩함의 임재를 인식하고 있는 인디언의 지혜에 큰 빚을 졌다. 새로운 세기를 맞이하면서 사람들은 땅과 생태계를 보호, 보존, 보살피려는 긴급한 필요성에 대해 더 깊은 관심을 두게 되었다. 핵으로 인한 멸망의 위협과 지구 자원의 조직적인 착취로 인한 생태계 균형의 파괴로 사람들은 다른 생명체의 가치와 신성함을 마음 깊이 인식하게 되었고, 인간의 삶 자체가 크게 의존하고 있는 다른 생물체들과 정의롭고 비폭력적인 방식으로 함께 사는 창조계를 만들려는 노력을 하게 되었다. 이런 것은 현대 영성에서 희망적인 발전이라고 할 수 있다. 왜냐하면 생태계에 관심을 둔 이런 영성 경향이 개인의 발전과 성장에만 초점을 맞추고, 따라서 다른 생명체들과의 관계를 소홀히 취급해온 기존의 영성을 교정하는 역할을 하기 때문이다.

다섯 번째, 미국에서 가장 주목할 만한 영성의 경향으로 꼽을 수 있는 것으로 현재 급증하고 있는 다양한 자립 운동이다. 알코올 중독자 치료를 위한 12단계 프로그램(Twelve Steps)으로부터 영향을 받은 다양한 운동을 생각해 보자. 지고의 능력(The Higher Power)에 평생 복종시키는 과정을 통해서 분투하며 살아가는 많은 사람은 12단계 프로그램에서 영감과 실제적인 지침을 얻고 있다. 어떤 이들은 12단계 영성이 위대한 영적 전통을 향한 20세기 미국의 영원한 유산이 될 것이라고 주장하기도 한다.

"자립"을 주된 목적으로 하는 12단계 프로그램, 상호의존, 회복과 관련된 프로그램 등이 정말로 폭발적으로 증가하고 있다. "방법론", "치유," "자기 치유" 프로그램 같은 것들이 슬픔, 상실, 이혼, 성적 학대의 상처, 스트레스의 문제로 고민하는 사람들을 돕기 위해 도처에 널려 있다. 이들 프로그램의 주된 목적은 질병, 중독, 충동, 삶을 통제할 수 없게 만드는 여러 부정적인 요소로부터 점진적으로 회복되는 치유나 온전성에 있다. 이들 프로그램에 참여하고 있는 많은 사람은 종교와는 상반된 개념인 영성에 관해 관심을 나타내고 있고, 이 영성에 자신들을 헌신하고 있지만, 이 프로그램의 내부 또는 외부에 있는 사람들은 12단계 프로그램이나 이와 관련된 프로그램들이 정말로 영적인 것인가에 의문을 제기하고 있다. 어떤 이들은 중독, 의존, 상호의존과 같은 단어들이 분명한 의미를 주지 못하고 불명확하게 사용되어 오지 않았나 질문하기도 한다. 예를 들면 TV, 일, 활자에 중독되었다는 말은 적절한 것인가? 어떤 사람이 "나는 활자에 중독되었다"라고 말한다면 그 사람은 독서를 좋아한다는 뜻이다. 이 말은 코카인에 중독되었다는 말과는 전혀 다른 것이다.

　12단계 프로그램이 치유, 온전성, 통합 등의 근원이 되어 왔기 때문에 삶의 많은 부정적인 요소가 주는 영향으로부터 고통받고 있는 많은 사람은 12단계 프로그램을 영적 성장과 변화의 풍부한 원천으로 인식하게 되었다. 그러나 12단계 프로그램의 관계자들은 이 프로그램의 단계나 원리, 전통들이 여러 사람이 당면하고 있는 다양한 문제에 너무 광범위하게 적용되는 것은 제한되어야 한다고 주장하고 있다. 12단계 프로그램의 용어들이 많은 사람과 그룹, 단체에 너무 광범위하고 불명확하게 적용되었다면 진정한 영성을 표현하는 능력을 상실했다는 것인가? 모든 조직체에 적용해서 사용할 수 있는 역기능과 관련된 공식이 있는가?[1]

이번 장에서 언급하는 것 중에서 더욱 많은 관심을 받아야 하는 마지막 영성의 경향은 남성 영성과 여권주의 영성의 출현이다. 여권주의 영성에 대해서는 뒤에서 자세하게 다루겠지만, 영성 발달의 중요한 경향인 남성 운동, 남성 영성과 함께 여권주의 영성의 중요성에 대해서는 처음부터 언급하는 것이 중요할 것 같다.

「주간 출판」(Publishers Weekly)의 종교부 편집국장인 필리스 틱클(Phyllis Tickle)은 최근 일반 출판사와 종교 서적 출판사의 책 출간과 판매에 대해 매우 유익한 설문 조사를 했다.[2]

출판 산업의 최근 움직임에 참여하고 있는 틱클은 오늘날 미국의 영성, 종교, 거룩함에 대해 도움이 될 만한 몇 가지 결론을 끌어냈다. 미국인들은 종교와 영성을 이해하고 실행하는 면에 있어서 제2의 종교개혁을 경험하고 있다는 것이 그녀의 판단이다. 그뿐만 아니라 미국과 전 세계적으로 일어나고 있는 영적인 경향에 대한 그녀의 통찰력은 매우 교훈적이다.

틱클은 증가하고 있는 영성 관련 서적들을 크게 네 가지 범주로 나누고 있는데, 이것들은 미국인들이 구입해서 읽고 있는 책을 기초로 해서 그들이 갖는 영성에 대한 여러 가지 신념이 무엇인지를 밝혀 주고 있다.

첫째, 사람들은 거룩함에 대한 믿음을 가지고 있고, 이것과 접촉이 가능

---

[1] 중독과 역기능에 활동에 대한 효과적인 치료를 위해 다음의 책들은 도움을 줄 것이다. Gerald May, *Addiction and Grace*. San Francisco: Harper & Row, 1988.

[2] Phyllis A. Tickle, *Re-Discovering the Sacred: Spirituality in America*. New York: Crossroad, 1995.

할 것으로 믿고 있다. 그러나 그들이 말하는 "거룩함"이 무엇을 의미하는지는 명확하지 않다. 그들은 신성한 것을 믿을 뿐만 아니라, 더 나아가서 신성한 것이 자신들을 찾고 있다고 믿고 있다. 날로 증가하고 있는 임사 체험, 천사, 기적, 예언 관련 서적이 이와 같은 사실을 증명해 주고 있다.

둘째, 현대인들은 옛날 고대의 지혜를 추구하고 있다. 즉 과거를 거쳐 시간의 시험을 통과해 오늘까지 살아남은 영성을 갈망하고 있다. 이러한 갈망의 근저에는 과거에는 알고 있었으나 오늘날에 와서 잃어버린 것들에 대한 동경이 깔려 있다. 초대 기독교의 출현―많은 사람은 이것이 예수의 메시지와 예수 자체를 선명하게 만들기보다는 도리어 가려왔다고 생각한다―이전의 인간 예수에 대한 초상화를 그리려고 역사적 예수에 관해 연구하는 것이 그 한 예이다.[3] 또한 이것은 동양의 오래된 영적 지혜를 추구하고, 유럽 식민지 이전의 인디언들의 지혜를 보전하려는 것에서도 찾아볼 수 있다. 더 나아가서 많은 사람은 가톨릭 전통의 참된 지혜의 요약본으로 취급되고 있는 『가톨릭 교리서』(Catechism of the Catholic Church)에 관심을 두고 있다.

셋째, 자기 삶에 대해서 개인이 책임을 져야 한다는 신념이다. 이와 같은 사실은 12단계 프로그램으로부터 영향을 받은 자기 계발 운동에 대해 사람들이 많은 관심을 가진 것에 분명히 나타나 있다. 12단계 프로그램이나

---

3) 예를 들어, John Dominic Crossan, Burton Mack, Marcus Borg와 Jesus Seminar와 관련된 다른 사람들의 저서를 참고하라. 그들에 대한 완전한 비평문은 Luke Timothy Johnson의 *The Real Jesus: The Misguided Quest for the Historical Jesus and Truth of the Traditional Gospels*. San Francisco: Harper, 1995.

이것에 영감을 받아 생겨난 여러 유사 프로그램의 중심에는 사람들 자신이 스스로 병을 얻는다는 생각이 있고, 이 질병의 치유는 오직 올바른 행동의 근거로서 개인이 올바른 생각과 올바른 태도를 선택할 때 가능하다는 생각이 자리 잡고 있다.

넷째, 현대인들은 이야기, 특히 쉽고 단순한 이야기에 매료되고 있다. 조셉 거존의 『조수아』, 로버트 플그햄의 『내가 알아야 할 모든 것들은 유치원에서 배웠다』, 윌리엄 베넷의 『미덕의 책』 등과 같이 쉽고, 실제적인 책들이 매우 복잡하고, 요구가 많은 세상에서 사람들이 늘 경험하고 있는 스트레스와 긴장에 대한 해독제로 많은 독자에게 엄청난 호소력을 행사하고 있다.

틱클이 내린 네 가지 범주는 여러 가지 면에서 가치가 있지만, 이 책의 목적을 위해서는 그녀가 사용하고 있는 단어인 "신성한 것," "영성," "종교"에 대해 더 자세히 논의해야 한다. 틱클은 신성한 것이란 남녀 모두에게 공통적이고, 접근할 수 있는 것으로 보았다. 신성한 것이란 "우리 존재에 주어져서 체계화된 것"이다.[4]

인간의 혈관 체계와 태양계와 같이 신성한 것은 '주어진 것'이고, 믿어지는 것이 아니라 인식되는 것이다. 그리고 영성은 종교보다 더 주관적인 것이고, "신성한 것에 대한 태도이고, 신성한 것과 일치한 삶을 살려고 하는 개인의 선택이고 훈련이다."[5] 영성이 주관적이라면, 종교는 마치 인간에 의해 만들어진 체계이면서 하나님이 만든 체계와도 같이 객관적이고, 외형

---

4) Tickle 의 저서, p. 13.

5) Tickle 의 저서, p. 16.

적이고, 덜 개인적인 것이다."⁶⁾ 종교는 개인과 인류 역사를 해석하는 수단이고, 인간에게 어떤 선택을 하라고 명령하는 수단이기도 하다.

그러나 "신성한 것" "영성" "종교"에 대해 틱클이 내린 정의는 모두 모호하다. 이것은 대다수 서구인이 가진 "영성", "신성한 것", "종교"에 대한 정의가 모두 불명확하다는 것을 말해준다. 위의 단어들의 뜻은 분명하지 않고 까다롭고 너무 광범위하다.

영성에 대한 정확한 정의를 놓고 여러 가지 의견들이 존재하기는 하지만, 현재 영성에 대한 큰 관심의 파도가 불고 있는 것에 대해서는 논쟁의 여지가 없다. 전통적인 의미에서 볼 때, 종교적이지 않은 사람들을 포함해서 모든 부류의 사람들이 인간의 심령 안에 솟아나는 가장 깊은 추구인 신성한 것에 대한 갈망으로 고심하고 있는 것 같다. 더 위대한 것, 눈에 보이지 않는 것, 즉 신성한 것을 향한 인간의 갈망을 '지칭하는' 한 가지 방법이 영성, 영적인 것, 영적인 삶에 관해 이야기하는 것이다.

영성이란 무엇인가?

이 시점에서 한 가지 중요한 질문에 대면해야 한다. 이것은 오늘날 영성에 대한 많은 논의 가운데 해결되지 않은 문제인 "영성이란 무엇인가?"이다.

서점 직원이나 도서관 사서들이 영성에 관심 있는 사람들을 위해 어떤

---

6) Tickle 의 저서, p. 13

책이 영성 관련 서가에 꽂아야 하는지를 정확히 분류해야 하는 것처럼, 우리도 "영성"이라는 단어를 사용할 때 이것이 무엇을 의미하는 것인지에 대해 힘든 결정을 내려야 한다. 오늘날 영성에 관한 관심은 많지만, 영성이라는 말이 무엇을 의미하는지 정확한 정의를 내리지 못하고 있다.

오늘같이 영성에 대한 유행이 높게 일어나고 있는 상황에서는 영성에 대한 분명한 정의가 있어야 한다. 신성한 것에 대한 사람들의 모든 진지한 추구들을 충분히 포용하면서, 동시에 "영성"이라는 거대한 이름 하에 행해지는 인간의 자기표현을 분별할 수 있는 잣대가 있어야 한다

영성에 대한 분명한 정의를 내림에 있어서, 오늘날 다양한 영성 운동에는 처음부터 끝까지 두 줄기의 흐름이 있음을 지적하는 것이 도움이 될 것이다. 첫 번째이자 가장 중요한 것으로는 눈에 명백히 보이는 세계만이 아닌 여러 차원—영적인 차원을 포함해서—의 세계가 존재한다는 인식이다. 현실에는 기대 이상으로 흥미로운 것들이 존재하고 있다. 두 번째는 분열과 비인간화하려는 힘 앞에 개인의 온전성을 추구하려는 노력이다. 내 생각에는 이것이 영성의 변하지 않는 두 가지, 즉 모든 영성의 접근법에 필요한 필수 구성 요소로 생각한다.

어떤 이들은 인간 존재의 깊은 차원을 묘사할 때, 이 영성이라는 단어를 사용하고 있다. 이때 강조되는 것은 인간의 본질과 경험의 구성 요소로서의 영성에 있다. 조안 볼스키 콘(Joann Wolski Conn)은 영성을 자기 초월 능력이라고 정의했다.[7] 그리고 에워트 커즌스(Ewert Cousins)는 "궁극적 현실이

---

7) Joann Wolski Conn, ed. *Women's Spirituality: Resources for Christian Development*. Mahwah, NJ: Paulist, 1986, Introduction, p. 3.

경험되는 인간의 내면적인 차원"[8])으로, 존 맥쿼리(John Macquarrie)는 "온전한 의미에서의 인간이 되어가는 것"으로 보았다.[9] 고든 웨이크필드(Gordon Wakefield)에게 있어서 영성은 "존재의 근본, 또는 존재의 목적과 관련지으려는 인간 본성의 한 구성 요소"이다.[10] 에드워드 키넥(Edward Kinerk)은 영성을 "한 사람이 비진실에서 진실로 이동하는 변증의 표현"이라고 했다.[11] 영성의 정의 중에 가장 개방적인 것은 "인간의 상태를 다루는 전형적인 방법"[12)으로 이해한 라이문도 파니카(Raimundo Panikkar)일 것이다.

이런 광범위한 의미에서 볼 때, 영성이란 단어는 인간 경험 가운데 있는 한 요소 즉, 정확히 말하면 인간으로서 경험되는 것을 묘사하는 것이다. 여기서 의미하는 영성은 "궁극적인 가치를 향한 인간의 진실된 추구 또는 최고의 이상이나 목표를 달성하려는 인간의 노력"을 말한다.[13] 이런 광의적

---

8) Ewert Cousins, "Preface to the Series." *Christian Spirituality*. Vol. I: Origins to the Twelfth Century. Bernard McGinn, et al., eds. New York: Crossroad, 1985, p. xiii.

9) John Macquarrie, *Paths in Spirituality*. New York: Harper and Row, 1972, pp. 40, 47.

10) Gordon S. Wakefield, *The Westminster Dictionary of Christian Spirituality*. Philadelphia: Westminster Dictionary of Christian Spirituality. Philadelphia: Westminster, 1983, p. v.

11) Edward Kinerk, "Toward a Method for the Study of Spirituality." *Review for Religious* 40 (1981), p.6.

12) Ramundo Panikkar, *The Trinity and the Religious Experience of Man: Icon-Person-Mystery*. Maryknoll, NY: Orbis, 1973, p.9.

13) Walter Principe, "Toward Defining Spirituality." *Studies on Religion/ Sciences Religieuses* 12/2 (1983), p. 139.

인 의미에서 볼 때, 영성은 "자기 초월을 통한 점진적인 인간 통합"[14]에 관심을 가진다. 이는 궁극적 관심의 지평선 안에서 그리고 그것을 추구하는 중에 이루어진다.

위에서 언급한 학자들 가운데 몇 사람은 영성 연구의 전문가들이다. 영성 신학자들 가운데 핵심적인 인물 중 한 사람인 샌드라 슈나이더(Sandra Schneiders)는 영성에 대한 폭넓은 접근법을 주장하고 있다. 샌드라의 관점에서 보면, 이 세상에는 서로 다른 여러 종류의 영성들이 존재한다. 그중에는 하나님이라는 단어를 언급하지 않는 영성도 있다. 영성이라는 단어를 인간의 자아실현이나 깨달음으로 사용하고 있는 영성도 참된 영성이라고 할 수 있다. 슈나이더는 영성이란 광범위한 의미에서 "소외나 자기 몰두가 아니라 궁극적인 가치를 향한 자기 초월을 통해서 삶의 통합을 추구하려는 인간의 의식적인 경험"[15]이라고 했다. 비종교적인 영성의 예를 든다면, 정의와 평화 추구를 위해 자기 삶을 헌신한 사람을 생각해 볼 수 있다. 그는 삶의 모든 에너지를 정의와 평화를 가져오는 데 쏟는다. 슈나이더의 견해로 보면, 이 사람은 자기 삶에서 하나님의 존재를 인정하지 않아도 정의와 평화의 영성을 살고 있다. 이와 비슷한 예로, 어떤 사람은 여성의 문제인 삶의 모든 영역에서 남성과 여성의 완전한 평등을 증진하는 일에 자기 삶을 바칠 수 있다. 이때 슈나이더의 입장은 여권주의 영성—그 속에 하나님의 모

---

14) Sandra M. Schneiders, "Spirituality in the Academy." *Theological Studies* 50/4 (1989), p. 684.

15) Sandra M. Schneiders, "Theology and Spirituality: Strangers, Rivals, or Partners." *Horizons* 13/2 (1986), p. 266.

습이 있든지 없든지 관계없이—의 가능성을 허락하고 있다.

영성에 대해서 슈나이더가 행한 철저한 연구는 다음과 같은 결론으로 우리를 이끈다. 즉, 영성은 한 개인이 가진 최고의 가치 속에서, 자기 초월적인 지식과 자유와 사랑을 통해서 한 개인 삶의 통합을 지속적으로 추구하는 방식이다. 여기서 언급하고 있는 개인의 통합—내가 발견한 영성의 두 불변수 가운데 하나—이라는 주제는 오늘날 대부분 사람이 경험하고 있는 비인간화와 소외가 더 심각해지고 있어서 더욱 시급한 주제이다.

왜 영성인가?

영성에 관한 관심이 오늘날 이 정도로 크게 일어나는 이유는 무엇인가? 그리고 영성에 관한 관심이 부활하게 된 이유는 무엇인가? 현대사에는 영성 이해에 커다란 변화를 가져온 몇 가지 역사적인 사건들이 있다. 그것은 유대인 대학살과 대량 핵 파괴의 첫 번째 사례인 히로시마 원폭 투하이다. 우리의 삶과 역사 속에 수수께끼로 남아 있는 단절적이고 혼란스러운 이 두 사건은 거룩함에 대한 우리의 사고를 완전히 바꾸어 놓았다. 예를 들면, 1945년 8월 6일 이전에는 지구를 흔드는 대파괴는 하나님의 대권적인 능력으로 이해했다. 그러나 히로시마 원폭 투하를 통해서 대 파괴는 인간의 손에 의한 전멸이라는 형태를 띠게 되었다. 많은 사람은 히로시마 사건을 통해서 하나님께 커다란 의문을 가지게 했다. 만일 하나님이 존재하는 모든 것들을 다스리고 있지 못하다면 모든 것들은 확실치 않고, 불합리한 것이 된다. 히로시마 원폭 투하 사건을 통해서 하나님과 진정으로 중요한 것 사이에 단절이 일어났다. 오늘날 많은 사람에게 있어 정말 중요한 것은 이 세상에서의 삶뿐이다. 그 결과 거룩함을 이해하는 방식이 바뀌게 되었다. 미국인들은 첫 번째 핵 파괴에 대한 정치적, 도덕적, 인간학적, 종교적 결과를 고려해야만 한다. 그리고 아우슈비츠도 마찬가지다.[16]

아우슈비츠와 히로시마는 20세기에 있어 가장 형성적인 종교적 사건이었다. 역설적으로 이 두 사건을 모두 신적인 것이 아니고 악마적이었다. 이 공포의 사건의 영향으로 구름과 불기둥은 더 이상 출애굽기의 구속적인 은혜를 상기하지 못하고, 도리어 아우슈비츠 수용소의 소각장에서 피어오르는 연기와 히로시마의 버섯구름을 기억나게 해준다. 아우슈비츠와 히로시마는 폭력과 전쟁을 신성시하는 악마적인 결과를 보여준다. 이런 끔찍한 사건을 결정하고 실천하는 데 있어서 인간의 자유 의지는 거의 신에 가까울 정도의 권력에 대해 주저함 없이 복종했다. 이런 종교적인 순종과 같이 권위에 복종하는 것은 그 일을 행한 사람의 책임에 대해서는 그 죄를 묻지 않게 된다. 이 끔찍한 두 사건 이후, 많은 사람 사이에서는 그 어떤 신성한 권위, 그것이 하나님의 권위일지라도 그것에 확실하게 복종하는 것은 있을

---

16) 비록 필립스 틱클의 분석이 내 주장을 지지해 주고는 있지만, 대학살이 유대인들의 믿음에 영향을 주었다는 해석에는 동의하지 않는다. 틱클은 유대인 대학살은 하나님과 유대인들이 중요하게 생각하는 것 사이에 단절을 가져오지 않았다고 주장한다: "그들 자신들의 대변동의 공포로부터 빠져 나온 유대인들은 1945년 하나님과 함께 살아남게 되었고, 동일한 장소를 사용하는 것을 신성시했다." p. 22. 틱클은 유대인 대학살이 비유대인들에게 주는 중요성을 간과했음은 물론, 대학살로 인해 하나님의 존재에 대해 질문하고 세상 속에서의 하나님의 활동에 대해 의심을 품은 많은 유대인에게 대학살이 주는 중요성을 간과했다. 예를 들면, Richard L. Rubenstein의 *After Auschwitz: History, Theology, and Contemporary Judaism*. 2nd ed. Baltimore: Johns Hopkins, 1992를 참조하라.

수 없다는 강한 신념이 생기게 되었다.

　오늘의 현대 영성에 가장 깊은 암시를 주어 온 것은 20세기에 깨닫게 된 악에 대한 깊은 인식이다. 이것은 아우슈비츠와 히로시마와 같은 엄청난 파괴적인 결과를 가져온 인간의 과학과 기술의 오만이라는 시각에서 이해되어야 한다. 중요한 문제는 하나님을 떠나서 행해지고 있는 인간의 기술이고, 또한 인간의 신음과 악 앞에서 하나님의 침묵과 그의 무능력이라는 것이다.

　유대인 대학살과 히로시마 원폭 투하, 그 외에 매우 단절적이고 분열적인 여러 역사적인 사건들에 추가해서 영성, 신성한 것, 종교에 대한 이해의 방향을 바꾸어 놓은 미국의 월남전 참전에 대해 특별한 관심을 쏟아야 한다. 미국인들은 미국의 월남전 참전을 통해서 중요한 교훈을 배웠다. 그것은 권위에 대해 의심을 품게 하는 정당한 이유가 된다. 그 결과 모든 종류의 권위가 비판받고, 특히 종교적인 권위도 그것이 요구하는 복종의 수준 때문에 비판을 받게 되었다. 미국의 월남전 참전으로 인해 생겨난 이런 권위에 대한 불신과 혐오는 1960년대 미국 등지 벌어진 암살 사건과 민권 운동을 통해 밝혀진 권력과 권위의 오용, 그리고 워터게이트 사건을 통해서 드러난 권위와 권력에 대한 배신 등으로 더 깊어졌다. 이것 외에도 권위에 대한 불신을 자아낸 사건들은 셀 수 없이 많다. 따라서 이제 모든 권위적인 선언문, 방향성, 설명, 옹호 등은 의심을 받게 되었다.

　이런 역사적인 충격과 세상에서 벌어진 일들의 충격으로 인한 결과 가운데 하나가 사람들의 내면으로 그 방향이 돌려졌고, 의미와 목적과 가치를 주었던 외부의 권위를 이제 믿지 못하기 때문에, 자기 자신에 대해 더 신뢰하게 된 점이다. 옳고 그름, 선과 악을 최종적으로 판단하는 자는 그것에 대해 그 사람이 갖는 느낌이 되어 버렸다. 자신이 확고히 믿고 있는 생각이 헌신, 도덕적 책임감, 올바른 판단을 내리는 데 있어서 유일한 계기판이 되었다. 그리고 가장 중요한 것은 이런 개인적 생각이 신성한 것에 대한 자신의 믿음을 결정하는 데 있어서 시금석이 된 것이다. 이것이 결국 하나님을 믿고 종교적 신앙을 지키는 것이 단지 개인적인 취향이나 개인의 기분 문제이고, 아니면 개인적 차원의 문제라는 신념으로 나아가게 되었다.

결국 유대인 대학살, 히로시마 원폭 투하, 베트남 전쟁, 이 세 가지 사건이 영성, 종교, 신성한 것에 대한 우리의 이해를 새롭게 바꾸어 놓은 중요한 요소다. 더 긍정적인 것으로는 우주 시대나 전자 통신의 발달 등이 영성에 대한 우리의 이해에 더 큰 영향을 주었다고 말할 수 있다. 그런데 대체로 20세기의 역사적인 여러 사건이 사람에게 의미를 주었던 과거의 안정 장치로부터 단절됐다는 느낌이 들게 했다. 20세기의 공포와 악몽의 사건들에 의해서 우리는 자신의 근원에서부터 꼬이게 되었다. 아인슈타인의 상대성 이론은 우리를 더욱 통제 가능한 우주 속에 두었다. 과학과 기술이 이야기하고 있는 완전한 양자 도약은 세상 속에 있는 우리의 존재 방식과 세상과의 관계 방식을 전면적으로 바꾸어 놓았다. 역사적인 사건들 외에, 사랑하는 사람의 갑작스러운 죽음, 질병, 예측할 수 없는 무자비한 폭력, 사고 등 개인적인 비극들이 발생했다. 이것이 주는 복합적인 효과는 사람들 자신들이 강하게 붙잡고 있는 종교적인 믿음이나 하나님에 대한 신앙에 대해 더 강력한 이중적 감정을 가지게 된 것이다. 따라서 사람들은 신성한 것을 이해함에 있어서 새로운 방식으로 이해하고 명명하고 살아가는 방법을 모색하게 되었다.

매우 단절적이고, 혼란한 이런 역사적인 사건들 외에도 현재의 영성의 범람을 발생시킨 더 큰 원인이 되는 여러 영향이 오늘의 문화 속에 자리 잡고 있다. 많은 사람이 왜 영성을 추구하는지를 이해하는 데 있어 현대 서구 문화에 대해서 로널드 롤하이저가 내린 진단이 큰 도움을 준다.[17]

캐나다의 롤하이저는 우리에게 깊은 상처를 안겨준 현대 문화 안에 어떤 세력이 있다고 주장한다. 이것은 최근에 생겨난 것으로 특히 계몽주의 이후 서구 문화에 널리 퍼져 있는 것이다. 즉, 이 세력은 다음 세 가지 문제인 자기도취, 실용주의, 끝없는 불안감으로 사람들을 괴롭혔다. 이 영향의 결과 서구 문화에 살고 있는 사람들은 자신들을 우선적으로 이성의 능력을 갖춘 개인으로 생각했다. 여기서 이성이라는 것은 주로 인간의 논리적인 분석 능력을 제한해서 말하는 것이다. 계몽주의 이후, 사람들의 관심은 개인의 권리와 자유에 맞추어졌고, 그들 자신과 자신의 운명을 형성하는 능력에 집중했다. 사람들은 자신과 다른 사람들을 바라볼 때 개체화된 의식의 중심으로 보았다. 그래서 사람들은 자기만족과 자기 결정을 개인 발달의 중요한 목표라고 생각하고, 또 추구했다. 이런 시각에서 볼 때, 인간은 공동체에 속한 사람이기 이전에 한 개인이고, 다른 사람과 교제하는 존재이기 이전에 하나의 자아이다. 이는 철저히 현대적인 인간 이해이다. 이런 이해는 쉽게 자기 몰두와 자기 집중, 그리고 자기 고착으로 이끌고 간다. 쉽게 말해서, 현대 문화는 개인주의를 만들고, 자기도취를 더 고취한다.

---

17) Ronald Rolheiser, *The Shattered Lantern: Rediscovering at Felt Presence of God*. New York: Crossroad, 1995. 비록 롤하이저가 영적인 삶에 있어서 미국인들이 당면하고 있는 문제에 대해 서술을 했지만, 그의 통찰은 미국인들에게만 국한된 것은 아니다.

미국인들은 확실히 실용주의자들이다. 실용주의는 큰 장점이 있다. 미국인들은 열심히 일하고, 효율성을 추구하고, 일을 잘 해내기를 원한다. 그러나 그 이면에는 주로 결과와 측정 가능한 생산성에 관한 관심이 자리 잡고 있다. 그래서 대부분 서구인은 이론이나 사상에 대해서는 못 견디고, 학문적인 고상한 사상에 대해서는 한탄한다. 미국인들의 사고방식에는 진리는 실질적으로 작동되는 것이라는 생각이 있다. 실질적으로 작동되는 것이 진리인 셈이다. 그래서 사람들은 "일단 테스트한 후에 평가하자"라고 한다. 그리고 사람을 평가할 때도 그 사람이 한 일로 평가하고, 그 사람의 성취한 것으로 사람의 가치를 평가한다. 그러나 이런 경향은 신성한 것을 추구하는 데 있어 어려움을 준다. 왜냐하면 신성한 것은 우리의 측정 도구로 평가되는 것이 아니기 때문이다. 영적인 삶을 사는 데는 "손익계산"이란 없다. 진정한 영적인 삶은 가장 비실질적인 것이다. 수도사가 새벽 3시에 일어나 시편을 암송하는 것을 상상해 보라! 무엇 때문에 그렇게 하는가?

자기도취와 실용주의의 고취 외에, 우리가 살고 있는 문화는 끊임없는 불안감을 안겨 주고 있다. 그래서 우리는 경험에 굶주려 있으며, 어느 곳에 가고, 무엇을 보고, 무엇인가 하기를 원한다. 이 시대에 끊임없이 자주 듣는 이야기는 "그곳에 가 봤다. 그것을 해 봤다"라는 것이다. 그리고 사람들은 그다음을 찾아 움직인다. 그렇지만 그 속도가 사람을 죽이고 있다.

우리의 삶은 또한 불협화음과 혼잡으로 가득 채워져 있다. 대부분 가정에서 텔레비전은 영원한 친구이다. 사람들은 혼자 있기를 두려워하고, 조용히 있지 못한다. 다시 말해서, 계속 흥미로운 것과 다양한 것을 찾아다닌다. 공원이나 호수, 바닷가 주위를 걸을 때조차도 워크맨에서 나오는 음악과 뉴스와 토크 쇼에 귀를 기울인다.

계몽주의에서부터 시작된 현대 문화는 우리에게 엄청난 상품들을 팔아왔고, 우리는 이미 그것을 받아들였다. 그러나 자기도취, 실용주의, 끝없는 불안감 등을 안겨 주었던 현대 문화는 이제 막다른 길에 이르렀고, 사람들은 개인과 공동체와 나라에 대해서 개인적으로 엄청난 대가를 치르고 있다는 것을 깨닫고 있다. 내 의견으로는 오늘날 사람들은 이런 현대 문화가 이제 더 이상 작동하지 않고 있음을 깨닫기 시작했다고 본다. 이 문화가 사람들을 배반했고, 약속했던 것을 가져다주지 못했다. 인간의 가슴속에 자리잡은 깊은 열망을 이 문화는 만족시켜 주지 못했고, 엄청난 분열과 비인간화만 초래했다. 따라서 사람들은 새로운 방법을 모색하고 있고, 이것은 사람들의 자아와 눈에 보이는 현실을 뛰어넘고, 실제적인 것을 초월하고, 계속 사람들을 자극하는 것을 뛰어넘어서 실제에는 여러 차원이 존재한다는 것을 인식할 것을 요구하고 있다. 우리 문화는 우리 내면에 자리잡은 영성의 깊은 축적물에 대한 감각을 잃게 했다. 분열과 소외, 그리고 비인간화는 너무나도 모든 차원에 걸쳐 만연되어 있고, 사람에게 불만족을 주고 있어서 생존을 위하여 새로운 이해와 존재 방식이 필요하게 되었다. 그래서 현대인들은 내면에 있는 영성의 깊은 축적물을 찾으려 하고 있다. 왜냐하면, 자기중심성, 실용주의, 불안들이 자신들을 포로로 붙잡아 왔다는 것을 깨달았고, 이것이 참되게 사는 길이 아니라는 결단을 내렸기 때문이다.

영성생활에서는 자기도취, 실용주의, 불안 등은 허용되지 않는다. 깊이 있는 영성의 삶을 살려는 사람은 반드시 자기 자신을 초월한 여러 차원의 실체를 인식해야 한다. 자아는 탈중심적이며 그 속에 흥미로운 것이 생각보다 더 많이 있다. 깊은 영성의 사람은 분주한 삶을 그치고, 조용하고, 잔잔히 그리고, 있는 그대로 수용하는 자세가 필요하다. 그리고 가장 중요한 것으로서, 영성의 길에 들어선 사람은 결과에 대한 집착을 버려야 한다. 어떤 결과를 내고, 분명한 산출물을 얻기 위해 영성의 길을 떠나는 사람이 있어서는 안 된다. 영성 추구의 결과를 쉽게 평가할 수 없다. 영성생활에 있어서 "이익 추구"란 없다. 이것이 진정한 영성의 길에 있어 가장 고통스러운 깨달음 가운데 하나이다. 이것이 영성생활에 있어서, 사람들이 잘 참지 못하고 금방 다른 것으로 옮겨가는 이유이다.

문화 상황 속에서 제기되는 주제

오늘의 영성이 직면하고 있는 두 가지 중요한 문제의 발생과 관련해서 몇 가지 역사적이고 문화적인 요소가 큰 작용을 했다. 첫 번째는 비인간화시키고 분열시키는 우리의 문화이다. 이것은 사람들이 실제의 다중적인 차원의 이해를 하고 개인의 인격 통합을 추구하도록 자극하고 있다. 아직도 이런 문화가 영성 접근법에 있어 우리에게 고통을 주고 있다. 오늘날 많은 영성 관련 도서들이 강조점을 두고 있는 것은 개인과 자아이다. 그것들은 모두 공동체와 더 광범위한 사회 질서의 중요성을 무시하고 있다. 사실 어떤 영성 학파에서는 실제로 영성을 자립·자조(self-help)나 자기 치유(self-fix)와 동일시하고 있다. 그들에게 있어서 영적인 순례는 단지 신성한 언어로 포장된 자기도취적인 자아 여행에 불과하다.

이와 비슷하게, 영성에 대한 오늘날의 여러 접근법 가운데는 마치 쇼핑하듯이 하나의 영적 훈련에서 다른 것으로 옮겨가고, 자기 계발 워크샵, 다양한 약초 치료, 유기체 다이어트, 켈트 영성과 인디언 영성을 혼합한 영성, 환상적이고 화려한 돌들, 위카(Wicca) 신비 종교, 마술 등으로 이리저리 옮겨 다니고 있다. 이런 현상들은 단지 사람들의 끝없는 불안감이 겉으로 표현된 것이다. 즉 신성에 대한 인식을 개발하는 데 있어 필수적인 영적 훈련의 엄격함이나 지겨움을 회피하려는 마음의 표현이다.

더 큰 문제가 되는 것은, 영성의 접근법 가운데 결과를 추구하고 인격의 변화를 기대하고 대인관계의 능력 개발을 기대하는 경향이다. 많은 사람이 영적 훈련이나 수련을 하는 이유는 이것들이 그들의 삶을 더 좋게 만들어 주기 때문이다. 만약 하나의 영적 훈련이 도움이 되지 않는다면 곧 그것을 버리고 다른 것을 선택한다. 여기에 실용주의적 사고방식이 깊이 박혀 있다. 영성생활에 있어 성장과 발전은 우리의 삶을 다르게 변화시켜 주어야 한다고 생각하고 있다. 삶은 더 좋고 더 효과적이고 더 만족한 것이 되어야 한다. 그러나 이와 대조적으로 영성의 길에 들어서는 오직 한 가지 이유는 단지 신성 그 자체를 위해서이다. 좀 더 종교적인 의미로 이야기하자면, 영성생활을 하는 것은 그것이 우리를 변화시키고, 더 건강하게 만들고, 더 좋은 사람으로 만들어 주기 때문이 아니라, 단지 "하나님의 하나님되심" 때문에 하는 것이다.

바로 여기에 어려움이 있다. 우리가 이 세상 속에서 새로운 사고방식과 존재 방식을 추구하도록 이끈 이 문제점이 영성의 길에서 우리를 사냥하고 있다. 그리고 깊은 영성의 삶 속에 충만하고 완전하게 들어가지 못하게 막고 있다. 따라서 영성 추구에 있어서 우리가 해야 할 일은 영성을 추구하는 과정에서 발생했고, 오늘의 영성의 모습을 대부분 형성하고 있는 자기도취, 불안감, 이익을 추구하는 실용주의로부터 점차 고통을 감수하면서 자신을 정화하는 방법을 발견하는 것이다. 이 세 가지 요소를 영성의 세 가지 문제점으로 인식하기 전까지는 깊은 영성의 삶을 추구하는 데 있어 자신과

의 싸움을 계속해야 할 것이다.[18]

두 번째 중요한 문제점이 영성 가운데 있다. 그것은 영성과 종교를 날카롭게 분리해서 보는 것이다. 서구인의 사고방식 중심에는 종교와 영성을 날카롭게 대조해서 바라보는 것이 있다. 그러면서 깊은 영성생활을 하는 데 있어서 영성과 신성한 것은 필수적이지만, 몇몇 사람에게나 도움이 되는 종교는 필요하지 않다고 분명하게 판단한다. 이런 시각에서 보면, 종교는 부수적으로 생겨난 것이고, 실은 영성의 길을 걷는 데 있어 장애가 된다. 영성은 종종 개인적이고 사적인 문제로 인식되지만, 종교는 공동체와 예배에 참여하고, 종교 단체의 규범과 가치를 지키는 것으로 생각되었다. 종교와 영성에 대한 이런 구별은 와드 클락 루프(Wade Clark Roof)의 저서인 『구도자 세대』(*A Generation of Seekers*)에 잘 묘사되어 있다.[19] 종교는 짧게 다루어졌고, 몇몇 영성의 경향 가운데서는 심하게 명예가 훼손되기도 했다.

그러나 문제의 근원은 종교를 너무 편협하게 이해하는 데 있다. 일반적인 시각에서 볼 때 종종 "종교"가 "종교 기관"과 동일시되고 있다. 그러나 제도적인 차원은 종교의 한 가지 차원에 불과한 것이다. 현재 영성을 추구하고, 깊이 있는 영적인 삶을 살려는 사람들은 모두 종교나 종교 기관을 떠

---

18) 현재 미국에서 수도자로 종교적 서약을 한 사람들의 삶에 문화적 환경이 주는 영향에 대해서는 David J. Nygren과 Miriam D. Ukeritis의 *The Future of Religious Orders in the United States: Transformation and Commitment*. Westport, CT: Praeger, 1993에서 분석하였다.

19) Wade Clark Roof, *A Generation of Seekers: The Spiritual Journeys of the Baby Room Generation*. San Francisco: Harper, 1993. "The Religious and the Spiritual," pp. 76-79를 참조하라.

나 버렸다. 왜냐하면 그들의 눈에는 종교 기관이 진정한 영적인 변화를 이루는 데 필요한 후원과 자원을 제공해 주지 못했다고 판단했기 때문이다. 그래서 그들은 자신들의 영적인 생존을 위해서 종교 기관으로부터 출애굽한 것이다.

종교 기관의 목적은 신성한 것과의 체험을 사람에게 매개해 주고, 이 체험을 다른 사람에게 전달해 주는 데 있다. 이 신성한 것과의 매개는 부분적이긴 하지만 종교 기관이 가진 경전, 공동 예배, 전통, 지도자의 사회적 관점, 영적 권위, 행정 체계 등에 의해 이루어진다. 특히 인간은 사회적, 공동체적 존재이기 때문에 종교 기관은 인간이 하나님을 추구하는 데 필요한 이런 차원에서 봉사하는 것이다. 사람들이 종교 기관으로부터 실망하고 배신감을 느껴서 종교 기관을 떠날 때는 영적인 추구에 있어 자신들 혼자서 그것을 할 수 있다고 생각하는 경향이 있다. 그렇지만 가끔 형편없다는 생각이 들어도 종교 기관이 갖는 보호하고 기능하기 위한 수단인 경전, 전통, 종교 기관의 구조, 영적 권위 등은 필요하다. 그러나 종교 기관으로부터 빠져나온 사람들은 영적인 추구가 개인적이고, 단지 개인적인 성격의 문제가 아니기 위해 또 다른 공동체와의 관계망, 전통, 경전과 같은 것을 필요로 한다.

따라서 영성은 인간 체험의 모든 영역에 관심을 두고 고, 눈에 보이는 세계만이 아닌 더 높은 차원에서 인간의 전체 삶을 통합한다는 점을 상기해야 한다. 그래서 종교 기관의 필요성을 무시해서는 안 된다. 그러므로 종교와 영성은 서로 다른 두 길, 두 개의 선택이라는 전제를 분석해야 한다.

영성에 있어 두 가지 변치 않는 사실 즉, (1) 눈에 보이는 세계만이 아닌 다른 차원의 실체가 있다는 인식, (2) 분열과 비인간화로 인한 인간 인격의 통합 추구가 사실이라면, 종교 교리를 지키고, 종교에 가입하고, 종교 공동체에 속하는 것 등은 인간 통합을 추구하는 데 있어 제외되어서는 안 되는 것이고, 그렇게 할 수도 없다.

종교와 영성: 두 개의 길

"종교와 종교 기관은 동일한 것이 아니다"라는 포괄적인 이해가 19세기 신학자 프리드리히 폰 휘겔의 『종교의 신비적 요소』(The Mystical Element of Religion)에 나타나 있다.[20] 간략하게 그의 이론을 설명하면 다음과 같다. 인간은 본질적으로 종교적이다. 그리고 사람 속에 있는 이 종교적 차원은 신성한 것을 향하게 되어 있고, 사람들은 신성한 것과 결합하기를 원한다. 또한 종교에는 다양한 요소가 있다. 그리고 사람 안에 있는 이 종교적 차원은 다양한 방법으로 표현된다.

첫째로, 종교에는 제도적 차원이 있다. 이 속에서 인간의 신성함을 추구하는 노력이 형성되고, 구조화되고, 구체화되고, 형체화되고, 가시화된다. 여기서 전통, 경전, 사람들, 공동체의 형태, 영적인 권위 체계 등이 신성한 것에 대한 사람들의 느낌을 구체화해 주고, 신성한 것과 중재해 주고, 그것과 더 깊은 관계를 갖도록 도와준다. 휘겔이 언급하고 있는 종교의 제도적인 차원이 오늘날 사람들이 이야기하고 있는 종교와 거의 같은 것이다. 그

---

20) Friedrich von Hügel, *The Mystical Element of Religion as Studied in Saint Catherine of Genoa and Her Friends*. 2 vols. London: J. M Dent & Sons, 1961.

런데 불행하게도 오늘날 많은 사람은 종교란 법칙·규율·율법·구조·권위와 동일한 것으로 생각한다.

두 번째 종교적 요소는 지적 차원이다. 생각의 인지적 체계를 형성하고, 비판적인 사고 능력을 개발하는 것은 신성한 것에 대한 사람들의 이해를 분명하게 해주고, 이것을 또한 다른 사람에게 전달해 주고, 신성한 것이 사람들을 실망시켰을 경우 신자들과 그 종교 공동체 자체를 비판하고, 그러면서 자신들을 더 강하게 만드는 데 도움이 된다.

세 번째 종교적 요소는 휘겔이 말한 신비적인 요소이다. 이것은 신성한 것에 대한 사람들의 경험을 이야기하는 방식으로서 영적인 삶의 경험적 차원을 말한다. 이것이 오늘날 사람들이 이야기하고 있는 영성과 가장 가까운 단어이다.

휘겔은 세 가지 종교적 요소가 상호 긴장 속에 있어야 한다고 이야기하지만 종교의 신비적 요소를 더 강하게 주장하고 있다는 느낌이 든다. 그리고 깊은 영성을 추구하려는 사람이 종교 기관 안에서 무미건조함을 느끼고, 종교가 자신들을 충족시키지 못하고, 도전을 주지 못하는 신학적인 이론에 대해 이질감을 느낄 때 그들이 다른 종교를 찾아 떠나가는 것이 이해된다. 그러나 만일 휘겔의 주장이 맞는다면, 문제는 사람들이 종교 기관이 제공해 주는 것에서 빠져나온 뒤에도 계속 영성을 추구하고, 이성적이고 진지한 사고가 단순성과 실용성이라는 이름으로 무시당하고, 주관적인 경험의 중요성을 내세워 경멸할 때 생긴다. 그러나 많은 사람이 종교 기관으로부터 배신감을 느껴서 그곳으로부터 빠져나오는 상황 속에서도 휘겔이 이야기한 종교의 조직적 요소와 이론적인 요소는 영성을 추구하는 데 있어 통합되어야 한다. 이것은 단지 희망 사항이 아니라 필수적이다. 그리고 이것은 개인의 인격 통합에 있어 결코 부수적인 것이 아니다.

오늘날 영성과 신성을 추구하는 데 있어 통전적인 접근 방법에 대해 많은 강조가 되고 있다. 그런데 재미있게도 현대 영성 신학자들보다 휘겔이 더 영성에 대해 통전적인 접근을 하고 있다. 휘겔은 진정한 영적인 성장과 발전은 자신의 두 발로 혼자 서서, 자기 삶에 대해 책임지고, 신성에 대한 이해를 높이기 위해 어떤 영적 훈련이나 태도를 받아들이는 문제가 아니라고 주장한다. 이것들이 영성의 한 부분이기는 하지만, 영성은 종교 공동체에 속한 사람들과 관계를 맺고, 더 넓은 사회 속에 있는 사람들과도 관계 맺는 일에 참여하는 것을 포함한다. 영성을 추구하는 것은 혼자 이룰 수 있는 것이 아니다. 신성한 것에 대한 인간의 인식은 경전·전통·사람들의 의미·목적·가치를 담고 있는 공동 규범 등을 통해서 매개된다. 종교 조직과 전통들은 사람들이 알고 있는 최고의 가치를 그 속에 담고 있고, 다른 사람들과 함께 이것들을 추구하게 해준다.

영적인 추구는 기능적인 문제가 아니다. 영적인 삶은 실용주의적인 관심이 아니다. 만일 종교 전통이나 구조가 매개하려는 신성한 것을 사람에게 주지 못할 때, 항상 비평적인 사고를 하는 종교의 이론적인 요소가 마치 말안장의 거친 부분처럼, 조직과 전통에 도전을 주고, 종교 기관의 책임이 신성한 것을 매개하는 것임을 상기시켜 주는 역할을 하게 된다.

휘겔의 통찰력은 영성에 있어 과도한 실용주의적 접근법을 점검하게 해준다. 왜냐하면 그는 이성적, 사변적, 이론적인 부분의 중요성을 강조하고 있기 때문이다. 이런 것들은 영성의 고속도로에서 속도를 늦추려 할 때 비난의 소리를 지르는 현대인들 같은 인간의 성품을 보여준다: "단순하게 하라구", "이론 같은 것은 잊어버려", "어떻게 이 훈련이 돈을 벌게 해 주나?"

우리는 순수한 영혼들이 아니기 때문에, 영적인 추구에 있어서 체계·전통·공동체가 필요하다. 단지 행동만 하는 것이 아니라 마음과 머리를 가지고 있기 때문에 이성과 사고 능력을 개발해야 한다. 신성한 것을 인식하는 데 전통·경전·공동체·권위—휘겔이 말한 조직적인 차원 또는 오늘날 사람들이 알고 있는 종교—의 필요성을 제외하게 되면, 우리에게 위험이 있게 된다. 그리고 이성적이고 비판적인 사고의 풍성함이 단지 비실용적이고 쓸데없는 추상적인 사변이라고 생각하면서도 계속 막다른 길로 내리 달릴 때 우리에게 위험이 된다. 이 조직적인 요소와 이론적인 요소는 영적인 추구에 있어 필요한 것들이다. 그리고 이 요소는 객관적이고 외적인 부분의 손실에 대해 너무 주관적인 해석을 하고, 실용주의적인 결과와 유용한 것, 잘 기능하는 것에 주된 관심을 두는 현대의 많은 영성 발달 부분에 있어서 유일하게 무시된 부분이다. 그 결과는 현대 영성의 많은 경향들이 보여 주고 있듯이 신성에 대해 개인적인 접근을 하게 되고, 공동체에 속해 있다는 분명한 느낌을 주지 못하고, 사회에 대한 책임 의식이 결여된 개인주의적 영성이 되어 버렸다.

결론

이번 장에서는 "영성의 윤곽"에 대해 개관적으로 살펴보았다. 가장 일반적인 의미에서 "영성"이라는 단어는 눈에 보이는 현실 세계의 수준이 아닌, 그것을 넘어서는 실제의 수준에서 인간 인격의 통합을 이루려는 인간 마음의 깊은 열망과 그것을 이루기 위한 경험·사건·노력을 의미한다. 그런데 영성을 가리키고 있는 대부분이 "신성한 것"이라는 애매모호한 것과 관련되어 있고, 하나님을 직접적으로 언급하고 있지는 않다. 다시 말해서 일반적인 의미에서 볼 때, 영성에 대한 많은 표현은 분명히 종교적이지 않다. 그런데 많은 종교적인 사람들 특히 기독교인들이 이런 영성에 매료당하고 있고, 자기의 영성의 풍성함을 위한 큰 자원을 여기서 발견하고 있다는 사실을 지적하는 것이 중요하다. 이번 장에서는 종교 영성 특히 기독교 영성에 영향을 주고, 강하게 호소하고 있는 영성의 발전에 관해서 서술했다. 오늘날과 같은 이런 상황에서는 분별력이 필요하다. 그리고 인간 심령의 가장 깊은 열망을 언급할 때, 그것이 단순히 개인적인 선호나 취향 문제라고 생각해서는 절대 안 된다. 모든 영성의 표현이 참된 것이 아니고 그 모든 것들이 인간 인격의 통합이나 인간의 풍성함으로 인도해 주는 것이 아니다.

제2장

기독교 영성이란 무엇인가?

　기독교 영성은 현대의 여러 영성적 경향이 있는 몇 가지 문제점을 점검해 주는 역할을 한다. 기독교 영성은 최근에 일어난 영성의 여러 가지 발전을 지지하면서, 자기도취를 고취해온 개인주의적 경향에 대한 일종의 해독제로서 사람에게 소속감을 주고, 사람들과 함께 언어·행동·사건·전통·공동체를 통해서 신성에 대한 체험을 표현하는 것에 뿌리를 두고 있다. 신성한 것의 임재는 사람들을 통해서, 특히 예수 그리스도를 통해서 매개된다. 그 결과 영적인 추구는 하나님과 올바른 관계 속에 있어야 하고, 신앙 공동체인 교회 사람들과 더 넓은 사회 공동체 사람들과 관계를 맺으면서 신성한 것에 관한 경험을 하는 것이 되어야 한다. 기독교적인 구조에서 보면, 영적인 추구는 하나님의 영광을 위한 것이다. 그러나 이것은 결코 혼자서 할 수 있는 것이 아니다. 그리고 영성 추구의 목적도 개인적인 자기 계발이나 한 그룹의 발전을 위한 것도 아니다. 더욱 중요한 것은 기독교 영성은 인류 역사와 인간의 삶 속에 활동하시고 모든 창조 세계에 현존하시는 인격적인 하나님에 대한 신앙에 그 뿌리를 두고 있으므로 인간의 노력과 수고, 그리고 생산성 등이 하나님의 임재와 행동으로 촉진된다는 것이다. 따라서 영성생활 가운데 일어나는 모든 성장과 발전은 그것이 무엇이든 하나님이 주신 선물이고, 영성생활의 결과나 산물도 하나님의 은혜이다. 이 하나님의 은혜와 선물은 우리의 판단기준이나 실용주의적 편견의 논리에 의해 만들어지지 않는다.

예수 그리스도를 믿고, 그분을 따르고, 성령의 임재와 능력 안에 사는 사람들은 실질적으로 기독교 영성의 삶을 사는 사람들이다. 제1장에서 살펴본 영성의 현재 모습에서 볼 때, 관련된 다음 두 가지 질문을 던지는 것이 도움이 될 것이다: 기독교 영성에 어떤 특성이 있는가? 만일 그렇다면, 정확히 무엇이 기독교 영성인가?

기독교 영성의 장점에 대해 뭐라고 언급하든지 간에 그리스도의 영으로 살아가는 사람들은 참으로 인간의 충만함을 추구하는 사람들 편에 서 있어야 한다는 점을 깨달아야 한다. 달리 말하면, 기독교 영성이란 삶에서 선을 만들려는 인간 영혼의 한 표현이다. 기독교인들은 인간의 발전을 진지하게 추구하는 다른 사람들과 상호이해, 그리고 대화의 관계 속에 있어야 한다. 기독교적 시각에서 보면, 하나님의 섭리 계획은 인간이 충만하게 번성하는 것 즉, 전 세계의 구속에 있다. 예수 그리스도의 영의 부르심은 언제 어느 때나 지식, 자유, 사람과의 사랑의 관계를 통해서 참된 성장을 추구하려는 사람에 의해 식별되어야 한다. 그리고 이 식별은 예수 그리스도의 이름을 한 번도 들은 적이 없는 사람들, 다른 종교 전통 가운데서 있는 사람들, 종교적 신앙을 거부하는 사람들, 그리고 뚜렷한 종교적 가치와 원리들에 무관심한 사람들 사이에서 일어날 수 있다.

가톨릭교회에서는 특별히 제2차 바티칸 공의회 이후 영성에 관한 관심이 고조되었다. 그러나 영성에 대한 이런 진지한 관심은 가톨릭교회 내에서만 일어난 것이 아님을 알고 있다. 이전에는 가톨릭교회만 영성에 대해 특별히 관심이 있다고 생각했는데, 지금은 여러 기독교 교단도 영성에 대한 폭넓은 관심을 두게 되었다.

　기독교 영성에 대한 이와 같은 관심은 종교 기관, 신학교, 일반 대학에서 개설한 영성 강좌에 더 많은 사람이 등록하는 것으로 명확하게 나타나고 있다. 또한 일상 활에서 그리스도인의 삶의 한 부분으로 깊고, 지속적인 기도 생활을 하려고 하고, 더 성숙한 영성을 위해 많은 일반 사람이 지원 그룹/학습 그룹이나 소그룹 공동체에 참석하는 것을 통해 나타나고 있다. 그리고 퇴수회(피정), 영성 지도, 영적 식별에 대한 사람들의 관심이 커져서 국제 퇴수회(Retreat International)와 국제 영성 지도자 협회(Spiritual Directors International) 등과 같은 전문 기관들이 생겨나고 있고, 이 기관들은 퇴수회와 영성 지도에 종사하고 있는 사람에게 상호 지원과 격려를 해주고 있다. 특히 제2차 바티칸 공회의 이후 명백하게 증가한 영성에 관한 관심은 제1장에서 이미 살펴보았듯이, 일반 출판사들은 말할 것도 없이, 종교 출판사들이 영성에 관한 책과 논문을 폭발적으로 출판하게 했다.

　"기독교 영성이란 무엇인가?"라는 질문은 포괄적인 배경에서 그 해답을 가장 잘 얻을 수 있다. 포괄적인 의미에서 볼 때, 영성이란 눈에 보이는 세계만이 아닌 세계의 다중적인 차원이라는 관점에서, 인간 인격의 통합을 추구하려는 인간의 추구이다. 그리고 이런 영적 탐구는 하나님을 명확하게 거론하지 않으면서 추구될 수 있는데, 이것을 비종교적인 영성이라고 부를 수 있다. 그러나 영적 추구에 있어 하나님이나, 신적인 것을 포함하고 있다면, 그것은 종교적인 영성이다. 또한 사람들이 이해하고 추구하는 최고의 가치가 예수 그리스도를 통해 계시되고, 교회라고 하는 제자 공동체에서 활동하고 임재하는 성령의 능력을 통해 나타난 하나님께 그 뿌리를 두었다면, 그것을 기독교 영성이라고 부른다.

종교적 영성과 비종교적 영성은 참된 것일 수도 있고, 그릇된 것일 수도 있다는 것을 깨닫는 것이 중요하다. 이것은 기독교 영성에서도 마찬가지다. 하나님을 믿고, 그리스도를 믿는다는 것이 한 개인이나 그룹의 영성이 참된 것이라는 것을 보장해 주지 못한다. 하나님이나 그리스도의 이름을 사용하는 많은 영성들이 사람들을 비인격화하고, 비인간화하고, 어떤 때는 악마적이기도 한 영성도 있기 때문이다.

인간: 세상 속에 있는 영

인간 인격의 통합이라는 좀 더 일반적이고 보편적인 추구라는 배경에서 기독교 영성을 정의하는 데 도움을 준 사람은 금세기 중요한 신학자인 칼 라너(Karl Rahner, 1904-1984)이다. 간단히 말해서,[1] 그는 이런 통찰력을 기초로 해서 완숙한 조직신학을 발전시켰을 뿐만 아니라, 하나의 구체적인 영성을 만들어냈고, 영적 체험에 대한 신학적 성찰 방법을 창안했다. 일반적으로 칼 라너는 조직신학자라고 하지만, 영성 신학자로서 그는 하비 이건(Harvey Eagan), 앤 카르(Anne Carr), 애니스 캘러헌(Annice Callahan), 제임스 벡

---

1) 라너는 인간 인격 통합의 은혜와 과제를 자아 초월 즉, 지식, 자유, 사랑 안에서 자신을 발견하고, 자신을 주는 것이라는 의미로 설명하고 있다. 라너는 인간 체험을 하나님이 자신을 드러내시고 계시하시는 장소로 이해했다. 라너의 영성에 대한 개요는 영어로 출판된 *The Practice of Faith: A Handbook of Contemporary Spirituality*. New York: Cross Road, 1983.에서 볼 수 있다. 또한 그의 기본적인 저서로는 *Spirit in the World*, New York: Continuum, 1994; Hearer of the Word, New York; Continuum, 1994.

크(James Bacik), 로버트 메이슨(Robert Masson), 제이 노먼 킹(J. Norman King) 등과 같은 현대 신학자들의 저서에 초점을 맞추었다.[2]

라너의 관점에서 보면, 인간은 세상 속에 있는 "영"이다. 이 때의 영은 신체와 같은 물질적인 것과 반대되는 것이 아닌, 그것과 구별되는 인간 인격의 한 차원을 가리킨다. 인간 인격은 서로 갈등 관계에 있는 몸과 영혼, 육체와 영혼, 마음과 물질의 혼합체이기보다는 통전적이고, 단일한 것으로 이해된다. 인간의 영적인 차원은 자기 자신을 초월하고 뛰어넘을 수 있는 능력, 자기 고립, 자기 편견, 자기도취의 한계를 초월할 수 있는 인간 속에 있는 능력을 말하는데, 이것은 지식, 자유, 사랑을 통해서 이루어진다. 인간의 영은 신자들이 하나님이라고 부르고 있는 심오한 신비를 향해 있다. 그

---

[2] 다음의 저서를 참조하라. Harvey D. Egan의 "The Devout Christian of the Future Will…be a Mystic." Mysticism and Karl Rahner's Theology in *Theology and Discovery: Essays in Honor of Karl Rahner*; S. J. William J. Kelly, ed. Milwaukee: Marquette University Press, 1980, pp. 139-158; Anne E Carr, *Transforming Grace: Christian Tradition and Wornen's Experience*. San Francisco: Harper & Row, 1988; Annice Callahan, *Karl Rahner's Spirituality of the Pierced Heart. A Reinterpretation of Devotion to the Sacred Heart*. Lanbam, MD: University Press of America, 1985; James J. Bacik, *Apologetics and the Eclipse of Mystery: Mystagogy According to Karl Rahner*. Notre Dame, IN: University of Notre Dame Press, 1980; Robert Masson, "Spirituality for the Head, Heart, Hands, and Feet: Karl Rahner's Legacy." *Spirituality Today* 36 (1984), pp. 340-354; J. Norman King, The Experience of God in the Theology of Karl Rahner." *Thought* 53 (1978), pp. 174-202; J. Norman King, *Experiencing God All Ways and Every Day*. Minneapolis: Winston Press, 1982; James A. Wiseman, "'I Have Experienced God' Religious Experience in the Theology of Karl Rahner." *The American Benedictine Review* 44 (1993), pp. 22-57.

리고 이런 신비로 이끌리는 능력은 종교적인 사람이든, 비종교적인 사람이든지, 세례를 받았든지 받지 않았든지 상관없이 모든 인간 속에 존재한다. 한마디로 말하자면, 인간은 본성적으로 영적인 존재이다. 모든 인간은 알고 알려지고, 사랑하고 사랑받고, 자유하고 타인을 자유롭게 하는 능력이 있으므로 영적인 존재이다. 그리고 본성적으로 신비로 이끌리고 있기 때문에 영적인 존재이다. 이러한 인간의 알고, 자유하고, 사랑하는 능력을 실현하고, 실천하는 다양한 방법 즉, 신비에 참여하는 다양한 방법 때문에 인간은 매우 유일하고, 다른 것과 비교할 수 없는 독특한 존재이다.

라너에게 있어 인간의 삶과 활동, 그리고 사건과 역사는 하나님의 은혜인 하나님의 임재와 활동을 보여준다. 사실 위의 것들은 모든 창조물을 통해서 특히 모든 인간을 통해서 사랑을 표현하고 보여주시는 하나님의 바로 그 삶을 보여준다. 따라서 라너는 이 기초 위에서, 기이하고 특별한 사건이 아닌, 일상적인 삶에 뿌리를 둔 영성을 주장할 수 있게 되었다. 평범하고 일상적인 삶은 측량할 수 없이 은혜로운 신비를 경험하는 사건들로 가득 차 있다. 은혜 즉 하나님의 계시적인 자기 나타남이 세상에 편만해 있다.

라너의 중심 사상은 인간의 본질과 하나님의 은혜 사이에는 양립성이 존재한다는 확신이다. 하나님의 생명이 가져오는 변화는 비록 죄에 의해 더럽혀졌지만, 하나님의 형상대로 지음 받아서 본질적으로 선한 인간의 속성을 완전하게 만든다. 한발 더 나아가서, 라너는 인간과 인간 이외의 생명체를 포함한 모든 창조계는 하나님의 임재를 식별하는 곳이고, 인간의 삶과 세상에 하나님의 은혜로 인한 변화가 일어나는 장소라고 결론짓는다.

이는 하나님과 인간이 동일하다는 것이 아니다. 그리고 인간과 인간의 활동이 신적이라든지, 은혜에 의한 변화 과정을 통해서 인간이 하나님처럼 될 수 있다는 것을 암시하는 것도 아니다. 하나님과 세상과의 관계에 존재하는 연계성과 유사성을 깨닫는 데 있어서, 이 둘 사이의 유사성이 무엇이든지 간에 비유사성과 비연속성은 계속해서 남아 있다는 것을 인정해야 한다.

라너는 모든 인간 속에 하나님과 관계 맺고자 하는 열망이 있다고 보았다. 이 열망은 심오한 은혜의 신비를 "하나님"으로 부르는 종교인인 경우엔 명백하다고 할 수 있고, 반면 실천적 불가지론자들이나 무신론자들의 경우에는 암시적이라고 할 수 있다. 라너의 견해에서 보면, 하나님에 대한 열망은 심지어 하나님의 존재를 완전히 부인하는 사람에게서도 발견될 수 있다. 창조되고, 유한하고, 한계적이고, 채움 받기 원하는 인간은 창조되지 않고 영원하고 무제한적이고 광대한 것을 추구하게 된다. 몸과 마음과 영혼의 통합은 지식, 자유, 사랑을 추구하는 과정에서 서서히 이루어지는데, 이 지식, 자유, 사랑은 신성한 것, 더 높은 힘, 시작이 없는 시초, 신자들이 하나님이라고 부르는 실체로부터 시작하고, 끝을 맺는다. 라너에게 있어 기도, 영성생활과 관련된 훈련은 하나님과 관계 맺고자 하는 이 기본적이고, 공통적이고, 보편적인 열망이라는 시각에서 볼 때 올바르게 이해된다. 여러 형태의 기도, 금식, 자선, 영적인 훈련은 지식과 자유와 사랑의 근원이요, 심오한 신비이신 하나님께 완전히 복종하려는 인간 열망의 표현들이다.

보이지 않고, 영원한 은혜이며 신비이신 하나님께 대한 인간의 반응, 관계, 헌신 등을 표현하고 전달하는 일은 가능하다. 그런데 이것은 오직 하나님이 창조 세계와 인류 역사를 통해서 먼저 인간과의 관계를 시작하셨기 때문에 가능한 것이다. 사람들이 은혜로운 신비이신 하나님과 관계 맺고

자 하는 그들의 열망을 표현하고 전달할 때, 이것은 인간 경험의 모든 범위를 포함하게 된다. 하나님과 갖는 인간의 대화는 언어, 행동, 물체, 사건, 그리고 인간 삶의 모든 차원에서 이루어지는 것이지, 단지 기도나 고행, 묵상, 관상 그리고 다른 영적인 훈련 등을 통해서 이루어지는 것이 아니다.

따라서 영성은 타인과 하나님과의 관계를 통해서, 그리고 지식과 자유와 사랑 안에서 자기 자신을 초월하려는 인간 능력의 현실화라고 정의할 수 있다. 그런데 이런 자기 초월이 하나님이라고 부르는 실체에 의해서 동기 부여되고 그러한 실체와 관계를 맺을 때, 이 영성은 특별히 종교 영성이라 한다. 그러나 꼭 그럴 필요는 없다. 사람들의 궁극적인 관심이 하나님께 있고, 그들의 최고의 이상이 하나님의 임재나 하나님과의 연합에 있다면, 이런 영적인 추구는 구체적으로 종교적 차원을 가지게 된다. 그리고 이런 영적인 추구가 예수 그리스도 안에서 하나님과 관계를 맺어주고, 예수의 이름으로 모여서 그 영으로 살아가고 있는 교회 안의 신자들을 통해서 하나님과 관계를 맺게 해주는 성령의 은사에 의해 실현되었다면, 이는 기독교 영성이라는 형태를 띠게 된다.

라너가 행한 연구는 우리가 기독교 영성을 자세히 파악할 수 있도록 "영" 또는 "영성"이라는 단어의 의미를 더욱 명확하게 한다. 모든 기독교 영성의 중심에는 "하나님의 영", "그리스도의 영" 그리고 "성령"이 자리 잡고 있으므로 "기독교 영성"과 "기독교 영성들"에 대해 더 깊은 이해가 필요하다.

하나님의 영

구약에서 하나님의 영은 생명과 힘에 관련되어 있다. 영을 나타내는 히

브리 단어인 루아흐(ruah)의 어근은 "호흡" 또는, "바람"이라는 뜻이다. 이스라엘 사람들은 하나님이 영을 통해서 생명을 가져오고, 모든 생명을 유지하는 것으로 이해했다. 따라서 모든 살아있고, 움직이고, 숨쉬는 것들은 하나님 영의 능력에 의해 움직여지는 것이다. 하나님의 영은 자연, 몸, 물질세계와 반대되는 것이 아니고, 오히려 이런 것들을 있게 만들고, 재창조한다. 그러나 성령에 의한 이런 재창조 활동은 아직 완전히 성취된 것이 아니기 때문에, 구약에서 바라본 성령은 명백하게도 미래 지향적이다. 이 하나님의 영은 세상과 사람들 속에서 창조, 재창조하시는 하나님의 구속적인 능력을 가리킨다. 또 하나님의 영은 하나님의 은혜와 힘을 나타내고, 지도자와 예언자로서 하나님의 종이 되기 위해 기름 부음 받을 때 주어진다. 그리고 하나님을 섬기기 위해 기름 부음을 받은 구속받은 자들의 공동체에서 더욱 구체화 된다.

하나님의 영, 그리스도의 영: 성령

신약의 관점에서 보면, 하나님의 영은 하나님의 기름 부음을 받은 자인 예수 그리스도를 통하여 모든 창조 세계에 주어졌다. 예수는 예언자들의 전통 안에 있지만, 그가 하나님과 하나님의 영과 갖는 독특한 관계 때문에 단순히 성령을 소유하거나, 주는 분이 아니다. 예수는 그의 인격 안에서 그리고 그의 인격을 통하여 매개된 성령의 구현 또는 성령의 육화이다. 성령은 예수 안에서, 그리고 예수를 통하여 결정적으로 부어지면서, 그의 생명과 능력에 의해 구속받은 새로운 창조와 새로운 인류를 선포했다.

예수의 생명과 힘은 예수의 부활 신비 속에서 그 절정과 표현의 충만함을 보게 된다. 사랑의 능력인 하나님의 영은 예수의 수난과 죽음과 부활 속에서 계시되고, 심지어 고통과 죽음조차도 새로운 생명으로 변화시킨다. 십자가에 달리신 분이 다시 살아났다. 부활하신 예수는 그의 제자들에게 나타나서 호흡을 내쉬면서 새롭게 하는 생명의 호흡과 능력을 주셨다. 따라서 하나님 영의 충만한 생명과 능력은 그리스도 부활의 신비를 통하여 다가오고, 그리스도 안에서 사는 것과 예수의 삶과 죽음과 부활을 통해 이루어진 구원의 복음을 선포하는 것을 요구한다.

예수를 통해 매개된 성령은 하나님의 목적인 새 창조를 알리고, 새로운 인간과 구속받은 인간을 예고하는 일을 달성했다. 결과적으로 예수의 전 존재는 하나님의 영을 가져온 분으로 이해된다. 따라서 하나님의 영은 예수 안에 있는 영, 또는 예수의 영이다. 예수는 올바른 삶, 진정한 삶에 이르는 길이고, 예수의 자기희생적인 사랑 안에서 하나님의 영을 주는 분이다. 하나님의 새 창조를 가져오는 성령은 그리스도의 영으로서 가장 분명하게 그리고 개인적으로 나타났다.

신약의 관점에서 보면, 그리스도 안에서 만들어진 새 창조의 전위 그룹은 예수의 이름과 성령의 능력으로 세례를 받은 제자 공동체이다. 예수의 부활과 죽음을 따르는 제자 공동체인 교회는 그리스도의 몸을 형성하고, 성령의 능력으로 살아 숨 쉬는 자들이다. 그리스도의 영은 구속사적 활동과 재창조하는 예수의 임재로 확대되는데, 이는 증인 공동체, 믿음의 봉사, 기도와 예배, 신성한 삶 그리고 창조 세계와 역사 가운데 계속되는 하나님의 자기 계시를 분별함으로써 이루어진다.

그리스도의 몸인 교회에 속한다는 것은 마음의 변화와 삶의 전환을 요구한다. 그리고 교회 공동체의 삶과 실행에 참여하고, 교회가 가르치고 있는 예수의 행적과 말씀에 거하는 것 또한 요구한다. 그리고 신앙과 예배의 삶에 참여하고, 특별히 그리스도의 신비가 회상과 희망 속에서 축하되는 성만찬의 떡과 잔에 진실되게 참여하는 것을 요구한다.

제자 공동체인 교회에 참여함으로써 예수 그리스도 안에서 사는 삶은 각 사람에게 능력을 주어서 증인의 삶을 살고, 박해 속에서도 용기를 잃지 않고, 봉사의 삶을 살게 만드는 그리스도의 영에 의해서 가능하다. 믿음, 소망, 사랑은 성령이 그리스도의 몸 안으로 세례를 받은 사람에게 주는 최고의 선물이다. 그리고 그리스도의 몸인 교회는 십자가에 못 박히신 그리스도를 주라고 입술뿐만 아니라 삶의 모든 것으로 고백하는 사람들의 삶 속에 나타나는 성령의 다양한 은사를 통하여 번성해 나아간다. 교회 안에 있는 그리스도의 영의 생명력과 능력은 성령의 은사와 열매들인 사랑, 희락, 화평, 오래 참음, 자비, 양선, 충성, 온유, 절제에서 발견된다. 그리고 성령의 부재는 탐욕과 자기 편입, 분파와 다툼, 질투와 욕심, 시기로 나타난다(갈 5:18).

따라서 그리스도, 교회, 성령 사이에는 유기적인 연합이 있다. 즉 예수 그리스도 안에 실체화된 하나님의 영은 제자 공동체인 교회 안에서 그리고 교회를 통하여 시간과 장소에 전달되었다. 그리고 성령의 육화는 이 제자 공동체를 통해서 계속된다. 또한 하나님의 생명과 능력은 예수 안에서 영원히 계시되고, 예수를 따르는 자들인 교회의 삶에서 이 하나님의 생명과 능력이 시간과 장소 가운데 계속 나타난다. 매 시대를 통해 역사하신 하나님의 임재인 성령은 위의 것들을 가능하게 만든 조건이다. 이 하나님의 임재는 이스라엘의 역사에서, 그리고 예수의 삶, 사역, 수난, 죽음, 부활 속에서, 그리고 예수를 주로 고백하는 사람들 속에서 그 이미지와 거처를 갖는

다.

　그러나 이 하나님의 임재는 이런 특별한 표현들에 고정되거나 제한되지 않는다. 생명과 능력이 없이는 이 세상에 어떤 것도 존재할 수 없듯이, 시대를 통해 나타난 하나님의 임재인 하나님의 성령은 세상 속에 나타났다. 살아 있고 숨 쉬는 모든 것은 하나님 창조 행위로 그렇게 된 것이다. 그러나 기독교 영성의 시각에서 볼 때, 인간의 삶과 역사 그리고 세상이 더 충만한 하나님의 형상과 거처가 되기 위해 새로워지고 변화되는 방법은 예수 그리스도의 말씀과 행적, 그리고 자기희생적인 사랑을 통해 나타난 하나님의 영을 통해서 되는 것이다.

　따라서 성령은 마치 노아의 홍수 이후 올리브 나뭇가지를 입에 물고 온 비둘기처럼 새 창조와 약속을 신실하게 지키시는 하나님에 의해서 자신들의 삶을 살게 되는 새로운 인간에 대한 희망의 신호이다. 그리고 성령은 마치 불꽃과도 같이 이성에 빛을 던져 주고, 마음을 인도하고, 접촉하는 모든 것들에 활력을 준다. 또한 매 순간 우리가 들이쉬는 호흡처럼 생기 있게 하고 영감을 주고 생명이 지속되게 만든다. 그리고 광풍, 미풍, 또는 속삭임 등 모든 이미지를 통해서, 하나님의 영은 모든 생명체의 중심에 하나님의 임재를 이야기해 준다.

성령에 대한 이해

　최근에 이루어진 기독론 연구는 그리스도와 그의 신비를 더 깊게 이해하는 데 중대한 공헌을 했다. 이것은 부분적으로는 성서적 전통에 깊이 뿌리를 두고서 기독론을 발전시켰기 때문이고, 또한 존재와 이해에 대한 현대적인 양식을 사용해서 접근했기 때문이다. 예수의 주되심과 그의 통치를 강조하면서 그리스도를 왕의 이미지로 표현한 초기 기독론은 하나님의 연민이나, 가난한 자와 억압받는 자들의 해방자이신 그리스도의 역할을 강조함으로써 과거 기독론을 대치 또는 더 풍요롭게 만들었다. 과거 역사 속에서 여러 가지 십자군의 이미지를 주었던 예수의 이미지는 사라졌고, 대신 흑인 예수, 서양 사람이 아닌 예수, 비 백인 문화의 예수 이미지로 바뀌었다.

이와 비슷하게, 기독교 전통과 신학에서 일반적으로 "아버지" 또는 "아바"(Abba)라고 하는 하나님에 관한 현대적 연구도 새로운 하나님의 이미지를 만들었다. 특히 기독교 여성 신학자들의 노력으로 우리는 하나님의 실제와 하나님과 관계하는 인간의 실제를 함께 보여주는 풍요로운 근원을 갖게 되었다.

이러한 이미지 가운데는 하나님을 어머니, 친구, 연인으로 묘사하는 것과 세상과 모든 창조계를 하나님의 외부에 존재하는 것이 아닌 바로 하나님의 몸으로 표현하는 것 등이다.[3] 그러나 이와 같은 발전은 서로 다른 반응을 불러일으켰다. 하나님에 대한 여성적 이미지의 회복은 이것이 비록 성서적인 기초를 가지고 있음에도 불구하고, 기독교 신앙의 핵심인 하나님에 대한 근본적인 이해를 위협하는 행위로 비판받았다.

---

[3] Sallie McFague의 저서를 참조하라. *Metaphorical Theology: Models of God in Religious Language*. Philadelphia: Fortress, 1982; *Models of God: Theology for an Ecological, Nuclear Age*. Philadelphia: Fortress, 1987; *The Body of God: An Ecological Theology*. Minneapolis: Fortress, 1993.

그러나 또 다른 이들은 더욱 설득력 있게, 하나님을 남성과 여성의 이미지로 표현하는 것은 오랜 신학적인 확신 즉, 하나님은 궁극적으로 이해할 수 없는 분이고, 인간의 성 구별을 초월하는 분이라는 신학적 확신의 표현이라고 주장한다.[4]

기독교 전통과의 관련성을 유지하고, 동시에 이 시대의 필요와 인식을 언급하면서 하나님을 이해하려는 노력에서 더욱 중요한 발전은 삼위일체를 그리스도인의 삶에 근본적인 결과를 가져오는 매우 실질적인 교리로서 재인식한 것이다.[5] 가끔 가장 고상하고, 추상적인 기독교 교리로 인식되어 온 삼위일체는 매우 실제적인 것이다. 왜냐하면 삼위일체는 하나님을 사랑의 관계 속에서 신성과 인성이 서로 교제하는 것으로 표현하는 독특한 기독교적인 이해 방식이기 때문이다. 이렇게 하나님을 이해하는 것은 성 삼위 사이에 어떤 종속이나, 불평등이 존재하지 않는다는 삼위일체적 관계에 뿌리를 두고서, 사람들 사이에 평등, 상호관계를 강조하는 그리스도인의 삶을 가져다준다.

---

4) 이것에 대한 저서는 다음과 같은 것들이 있다. Elizabeth A. Johnson, *She Who Is: The Mystery of God in Feminist Theological Discourse*. New York: Crossroad, 1992. See also Elizabeth A. Johnson, "The Incomprehensibility of God and the Image of God Male and Female." *Theological Studies* 45 (1984), pp. 441-465.

5) 삼위일체 교리에 대한 회복과 재인식에 대한 가장 좋은 예는 다음과 같다. Catherine Mowiy LaCugna, *God for Us: The Trinity and Christian Life*. San Francisco: Harper, 1991. See also Cohn Gunton, *The Promise of Trinitarian Theology*. Edinburgh: T & T. Clark. 1993; Ted Peters, *God as Trinity: Relationality and Temporality in the Divine Lift*. Louisville, KY: Westminster John Knox, 1993.

그간 하나님과 예수에 대한 다양한 이미지를 회복하는 작업에는 큰 노력을 기울였지만, 이것이 성령의 다양한 이미지를 회복하는 작업과 함께 진행되지 않았다. 성령에 대한 새로운 이미지를 발견하는 작업은 하나님과 예수의 이미지를 발견하는 작업처럼 그리 큰 관심거리가 아니었다.

따라서 결과적으로 기독교 영성의 중심에 자리잡은 성령의 실체를 효과적으로 전달하는 데 있어 그 이미지와 상징이 부족하게 되었다. 하늘에서 내려오는 하얀 비둘기와 불의 혀 같은 성령은 그 자체로서 우리 가운데 임하시는 하나님의 임재를 표현하는데 부적절하다. 특히 오늘날 교회 생활 가운데에서 계발된 하나님과 예수에 대한 명칭과 이미지들이 풍부한 것을 볼 때 그것은 더욱 초라하다.

성령을 더 깊이 이해할 수 있게 해주는 이런 성령의 이미지 회복 작업은 매우 중요하다. 왜냐하면 우리가 이 성령을 통해서 하나님과 처음 만나게 되기 때문이다. 아이들이 예수를 통해 나타난 사랑을 추측해 볼 수 있는 것은 바로 부모의 사랑과 따뜻함과 자비 속이다. 그리고 전 세계 다양한 문화 속에서 살고 있는 사람들의 마음을 움직이는 것 또한 바로 이 사랑과 하나님의 임재이고, 선과 진리와 아름다움을 추구하는 모든 곳에서 발견되는 심오한 신비를 향해 이끌려지게 하는 것도 바로 이 사랑과 하나님의 임재이다. 그리고 어떤 위치에서, 어떤 종교적 신앙을 가지고 있든지, 지식과 자유와 사랑을 증진하기 위해 일하는 인간 가족들을 자극하는 것도 바로 이 사랑과 하나님의 임재이다. 가장 중요한 것은 그리스도의 몸 된 교회의 지체로 세례를 받은 자들이 사는 것도 이 성령에 의해서이다. 그리고 우리를 삼위일체적 삶에 참여시키는 것도 성령 안이다. 만일 기독교인의 삶이 그리스도 안에서의 삶이라는 말이 사실이라면, 성령의 임재와 능력을 제외하면 그리스도 안에 있는 삶은 존재하지 않는다는 것은 사실이다. 따라서 기독교 영성은 살아 있는 모든 것을 자극해서 충만한 생명으로 이끌고, 모든 창조물을 하나님께로 이끌게 하는 하나님의 생명과 호흡을 호칭하는 이미지와 상징이 부족할 정도로 열악해졌다.

기독교 영성

그리스도인의 삶에 대한 과거의 접근 방식에서는 영성을 종종 내적인 생활, 영혼의 생활, 수덕의 삶, 훈련을 통한 완덕의 추구 등으로 이해했다. 그러나 이런 접근법은 일상적 삶, 경제적 책임의 중요성, 사회적 책임, 국가와 시민 생활이 요구하는 책무, 성과 활동 사이의 올바른 통합 등은 간과했다. 이때 영혼은 높은 차원의 것으로 인식되었고, 따라서 영성생활은 세상적인 관심사들인 가족생활의 지루함, 가족의 여러 문제, 질병, 과도한 업무 등으로부터 더럽혀지지 않도록 영혼을 보전하는 데에 그 초점이 맞추어져 있었다. 초기 기독교 역사 속에서 성령 안에서의 그리스도인의 생활은 삶의 모든 차원을 포함하고 있었고, 성령의 임재와 능력 가운데 삶의 각 차원을 통합하는 것도 그리스도인의 삶의 한 부분이었다. 그러나 이런 통합적인 시각은 오래 지속되지 못했다. 영적인 관심은 기독교 역사를 통해서 점점 협소해졌다.

"기독교 영성"의 의미가 이렇듯 협소해진 것은 최근까지 느낄 수 있다. 그러나 영성을 몇몇 소수의 사람—신부, 수녀 및 수사, 종교적 서원을 한 교역자들—만이 열망할 수 있는 완덕의 삶이라는 잘못된 이해와 함께, 영성에 대한 이렇듯 경직된 시각은 제2차 바티칸 공의회에서 최소한 원칙적인 측면에서 결정적으로 다루어졌다. 공의회는 특별히 "교회에 대한 교의 헌장"(Dogmatic Constitution on the Church)에서 세례받은 모든 자들이 하나의 동일한 신성함으로 부름을 받았다고 천명했다(Lumen Gentium, Chapter 5).

신성함에 대한 이런 좀 더 포괄적인 접근 방식의 결과 중 하나는 이것이 공의회 이전의 교회에 짐이 되었던 문제와 반대되는 문제점을 만들어낸 것이다. 공의회 이전에는 영성을 경직되고, 엘리트적인 시각으로 바라보았다면, 공의회 이후에는 다양한 부류의 사람에 의해서 여러 종류의 영성에 대해 많은 관심이 폭발적으로 생겨났다.

이런 영성에 관한 관심의 증대는 "기독교 영성"이라는 단어의 정확한 의미가 무엇인지 불명확하게 만들었다. 기독교 내에서는 이 "영성"이라는 단어를 거의 자주 "체험"이라는 단어로 사용되었고, 경험이라는 단어와 밀접한 관계가 있다는 인상을 주었다. 그리고 "영성"이라는 단어도 "체험"이라는 단어처럼 그 뜻이 매우 모호했다. 그러나 "영성"이라는 단어는 결국 많은 영성 프로그램과 영성 단체, 논문, 잡지, 워크숍, 주말 코스, 수양회, 대학원에서의 영성 전공과 같은 것들만을 남겼다.

영성에 대한 이런 제한적인 이해에서 포괄적인 이해로 이동하면서 "기독교 영성이 적용할 수 있는 확인할 수 있는 대상이나 주제가 있는가?"라고 질문할 수 있다.

결국 영성이라는 단어는 다음 네 가지 단계로 적용할 수 있는 풍부하고, 다면적인 용어이다. 첫 단계에서, 영성이라는 단어의 뜻은 인간을 세상 속에 있는 영으로 부를 수 있는 실체를 가리킨다. 이런 정의는 영적인 것이 인간의 근본적인 차원임을 말해준다. 따라서 영성에 대한 첫 번째 의미는 "모든 인간의 본질적이고, 자기 초월적인 특성과 또한 그와 관련된 모든 것을 가리킨다. 특히 여기에는 유순한 성격의 사람들이 일상생활의 상황에서 깨달을 방법도 포함된다."[6]

세상 속에 있는 영인 인간은 생명을 받고 전달하는 능력, 존재와 생명과 관계에 개방되어 있을 능력을 갖추고 있다.

두 번째 단계에서 본 영성이라는 단어의 뜻은 체험, 즉 타인과 하나님과 관계할 수 있는 인간의 능력을 현실화하고, 실현화하는 것을 말한다. 여기서 말하는 경험이란 "실제의 삶 속에 들어오는 모든 것…지속적으로 자기초월을 통합하는 것"이고, 여기에는 경험의 신비적, 신학적, 윤리적, 심리학적, 정치적, 신체적 측면을 포함하고 있다.[7]

세 번째 단계에서, 영성이라는 단어는 실제를 체험하면서 얻어진 통찰력들을 공식화하는 것을 가리킨다. 이런 공식화는 성경을 기록하고, 기독교 전통 속에 있는 신학적인 저서를 기록하고, 서방의 키프리안이나 동방의 오리겐과 같은 사람들의 기도에 관한 소논문 같은 것으로 나타날 수 있다. 그러나 이런 영적인 통찰력은 기록된 문서에만 국한되지 않고, 대중적인 지혜, 노래, 전설, 이야기 등으로 공식화되기도 한다. 또한 예배 음악이나 종교 음악 같은 청각적 형태로 나타나기도 하고, 대중적인 신앙과 성례전 예복 또는 종교 예복과 같은 역사적인 공식화로 표현되기도 한다.

마지막 단계에서, 영성이라는 단어는 그리스도인의 영성생활에서 체험

---

6) Richard Woods, *Christian Spirituality: God's Presence Through the Ages*, Chicago: Thomas More, 1989, p. 3; rev. ed. Allen, *TX: Christian Classics / Thomas More*, 1996.

7) Sandra M. Schneiders, "Theology and Spirituality: Strangers, Rivals, or Partners." *Horizons* 13/2 (1986), p. 267.

된 경험을 연구하는 학문적인 체계를 가리킨다. 기독교 영성은 성령과의 일치된 삶을 살면서 예수 그리스도 안에서, 하나님과의 연합을 통한 더 깊은 통합을 추구하려는 것이다. 이런 경험을 연구하는 학문적인 체계를 가리켜 "기독교 영성"이라고 부른다. 이 기독교 영성은 자체적으로 연구할 목표, 접근 방법, 연구 방법 등을 가진 하나의 학문 영역이다.

위에서 언급한 영성의 네 가지 단계를 요약하면 다음과 같다. 영성은 (1) 인간의 근본적인 차원이다; (2) 자기 초월을 통해 통합해야 할 인간 체험의 전체 부분이다; (3) 이 경험에 대한 통찰력을 공식화한 것이다; (4) 체계화된 연구이다.

이 영성의 네 가지 단계에서 볼 때, 어떤 사람들은 세 번째, 네 번째 단계에 관한 분명한 인식을 하고 있지 않아도 그들의 영성이 깊고, 역동적일 수 있다는 것을 지적해야 한다. 매우 단순한 사람들, 예를 들어 정신적인 장애자나 어린아이 같은 사람들은 그들이 경험한 것을 공식화할 수 없고 신학적으로 윤리적으로 발전시킬 수 없지만 꽤 깊은 영적인 체험을 하고 있을 수 있다.

매우 단순화한다는 위험이 있지만 이 복잡한 문제에 대해 조안 울스키 콘이 내린 간략한 정의가 많은 도움이 될 것이다. 조안은 특히 기독교 영성에 관해 관심을 가지면서 영성이란 단어를 "체험된 경험과 학문적인 체계"라고 주장한다.[8]

그러나 만일 누가 위의 정의를 받아들인다면, 그는 기독교 영성이 적용

---

8) Joann Wolski Conn, "Spirituality" in *The New Dictionary of Theology*. Joseph A. Komonchak, et al., eds. Wilmington, DE: Glazier, 1987, p. 972.

되는 중간 단계나 수준이 있다는 것을 깨달아야 한다. 월터 프리시프(Walter Principe)는 체험된 경험과 이에 관한 학문적인 연구 사이에는 어떤 형식으로든 이 영적인 경험이 표현되고, 공식화되는 중간 단계가 있다고 주장한다. 그는 이런 영성의 중간 단계는 "뛰어난 영성 인물의 주도로 체득(體得)한 것을 가르치는 공식화 단계"라고 역설한다.[9] 그리고 이 공식화된 가르침은 또 다른 영적 체험을 발생시키고 만들게 된다.

예를 들면, 이냐시오 로욜라(Ignatius Loyola)의 영적 체험은 『영신 수련』(*Spiritual Exercises*)과 예수회 『헌장』(*Constitutions*)에 명확하게 표현되어 있다. 이 저서는 예수회 회원들뿐만 아니라 예수회의 사도적인 영성으로 살려는 사람들의 영성생활에 영향을 주었고, 그들의 영성을 깊이 있게 형성시켜 왔다. 그리고 이냐시오와 그를 따르는 예수회 회원들이 체험한 성령 안에서 사는 삶을 관심 있을 가지고 연구하기를 원하는 사람에게 이 문서들이 그 자체로 연구 자료가 되었다.

기독교 영성은 하나의 체험된 경험으로서 그리스도 안에서 성령의 임재와 능력으로 하나님을 위해 사는 삶의 방식이다. 이 기독교 영성은 기독교 신앙과 실행의 근본에 놓여있는 핵심 교리인 삼위일체에 대한 올바른 이해를 통해서 더욱 풍요하게 되었다. 제2차 바티칸 공의회의 "성만찬 예식(가톨릭에서는 '성체 성사'라고 함)은 그리스도인의 삶의 근원이요 최고봉"이라는 선언이 그리스도인의 삶과 영성에서 성만찬이 중심인 것을 더 깊이 이해하게 되었다(전례 헌장 Constitution on the Sacred Liturgy. 10). 이와 마찬가지

---

9) Walter Principe, "Foward Defining Spirituality." *Sciences Religieuses / Studies in Religion* 12/2 (1983), p. 136.

로, 핵심적인 기독교의 신비인 삼위일체가 그 실제적인 적용과 함께 기독교 영성의 심장과 영혼 부분을 구성하고 있다.[10]

기독교 영성은 삼위일체 영성

이런 관점에서 볼 때 기독교 영성은 다름 아닌 성령 안에서 사는 그리스도인의 삶 즉, 그리스도의 성품으로 변화되고, 하나님과 연합하고, 타인들과 연합하는 삶이다. 예수 그리스도를 통한 구속과 성령을 통한 성화는 그리스도인의 삶을 포함하고 있어서 기독교 영성에 대한 적절한 이해는 반드시 삼위일체의 신비에 그 기초를 두어야 한다. 삼위일체 교리는 기독교 신앙의 요약으로서 핵심적인 기독교 신앙 즉 성령의 능력과 예수 그리스도를 통해서 인류를 구원하신 하나님은 사랑 가운데 그의 신성과 인성이 서로 교제하면서 영원히 존재하는 분이라는 것을 보여준다.

그동안 기독교 역사 속에서 삼위일체와 영성생활 사이의 연결성은 항상 명확하지 않았다. 대체로 삼위일체 교리는 5세기경부터 추상적인 것으로 인식되어왔기 때문에 매우 실제적인 이 교리는 핵심적이고 연합적인 기독교의 신비로서 그 설 땅을 잃게 되었다. 그 결과 기독교 영성은 빈약해졌고, 하나님에 대한 이해는 영성의 근원에서 차단되어 버렸다. 따라서 기독교

---

10) Catherine Mowry LaCugna, *God for us*; Catherine Mowry LaCugna and Michael Downey, "Trinitarian Spirituality" in The *New Dictionary of Catholic Spirituality*. Michael Downey, ed. Collegeville, MN: Liturgical Press, 1993, pp. 968-992.

전통과 현대적인 통찰력과 필요의 관점에서 삼위일체의 신비를 회복하고, 재고하는 노력을 단지 원하는 것이 아니라, 절대적으로 필요하게 되었다. 특히 진정하고 적절한 현대 기독교 영성이 번성하기 위해서는 더욱 그러하다.

삼위일체 교리의 핵심과 그 절정은 무엇인가? 삼위일체 교리란 "인간과 인간 역사에 참여하는 것이 하나님의 본성이고, 인간과 맺은 하나님의 약속은 취소할 수 없으며, 하나님의 얼굴은 사랑 속에서 영원히 인간을 향하여 있고, 인간을 향한 하나님의 임재는 신뢰할 만하고, 지속적"이라는 선언이다. 이 선언의 기초에는 구원 역사 속에 자신을 계시하시는 하나님, 특히 기독교인들에게는 예수 그리스도 안에서 자신을 계시하신 하나님이 자리 잡고 있다. 따라서 그리스도인의 삶은 하나님의 성육신하신 말씀으로서 보이지 않는 하나님의 얼굴을 보이신 예수 그리스도께 성령의 도움을 받아 반응하는 삶이다.

그동안 교회 내에서는 삼위일체를 표현하기 위해 여러 가지 이미지와 상징 예를 들면, [원천-강-강줄기, 기억-지성-의지, 사랑하는 자-사랑받는 자-사랑]과 같은 것들을 사용해 왔다. 그러나 삼위일체를 이해하는 데 더 도움이 되는 기독교 전통 가운데 있는 상징은 코이노니아이다. 즉, 삼위일체는 성부, 성자, 성령은 동등하면서 상호 의존하는 가운데 내적으로 다양성을 유지하면서 존재한다는 것에 대한 표현이다.

삼위일체의 신비에 뿌리를 두고 있는 기독교 영성이 강조하고 있는 것은 개인주의보다는 공동체성이다. 영성생활의 목표는 단지 외부, 또는 내면생활 가운데 있는 어떤 영원한 진리를 마음의 눈으로 순수하게 바라보는 것만이 아니라, 다른 사람과의 관계의 온전함을 포함하고 있다. 따라서 이런 관점에서 볼 때, 영성은 그리스도인의 삶의 윤리적인 요구와도 자연적으로 연결된다. 이는 인간의 더 깊은 내적인 바라봄에 바탕을 둔 개인적인 성화보다는 사람들 사이의 교제를 더 증가시켜 준다. 자선, 절제, 금식 등과 같은 영적인 훈련은 사람과의 관계를 더 깨끗하게 하고, 한 인종이 다른 인종을, 한 계급이 다른 계급을, 한 성이 다른 성을 지배하고, 종속하는 것이 아니라 상호성, 평등성, 상호관계에 바탕을 둔 올바른 인간관계를 세우는 데에 그 목적이 있다. 이런 식으로 영적인 훈련을 바라보는 것은 종종 자기 의지를 강화하고, 자기도취와 소외를 가져오기도 하는 자기 부인을 통한 자기 정화를 과다하게 강조하는 경향과 강한 대조가 된다.

기독교 영성은 단순한 그리스도인 삶의 어느 한 부분만이 아니라, 성령의 임재와 능력 가운데 살아가는 그리스도인의 삶 자체이기 때문에 반드시 삶의 모든 차원에 관심을 가져야 한다. 여기에는 마음과 몸, 친밀감과 성, 일과 휴식, 경제적 삶과 정치적 책임감, 가정생활과 시민의 의무, 건강 관리에 쓰는 비용의 증가와 가난하고 고난당하는 자들을 위한 구제금 등의 영역들이 포함된다. 결국, 삶의 모든 차원이 성령의 임재와 능력 아래에서 통합되고 변형되어야 한다.

여러 가지 기독교 영성

올바르게 이해된 영성은 단순히 헌신, 기도의 형식, 금식, 그리고 그 외의 다른 영적 훈련 등과 같이 그리스도인의 생활의 어느 한 부분만을 가리키는 것이 아니다. 영성은 성령께 응답하는 그리스도인의 삶 전체를 말한다. 그런데 성령의 임재와 활동에 대한 이런 다양한 응답은 결국 다양한 형태의 삶을 가져왔고, 통합, 온전성, 신성함을 이루는 다양한 방법들을 만들어냈다. 결국 이것은 다양한 영성들로 나타나게 된다. 기도, 명상, 관상, 고행 등과 같은 영성의 여러 요소는 성령께 응답하는 하나의 수단이다. 즉 이런 훈련은 하나님의 삶과 창조 세계를 향한 하나님의 구원 계획에 더 충만하게 참여하는 수단들이다.

기독교 영성의 모든 역사는 개인과 공동체가 이해하고 있는 최고 이상과 궁극적 가치를 추구하면서 자기 초월을 통해 개인 인격의 통합을 이루려는 계속적인 추구라고 볼 수 있다. 기독교 역사 속에서는 다양한 인물들과 다양한 운동들이 매우 다양한 방법으로 이 일을 실행해 왔다. 즉 궁극적 가치와 최고 이상은 다양한 개인과 공동체에 의해서 서로 다른 방법으로 이해되고, 추구됐다. 따라서 기도, 영의 식별에 대한 중요성, 공동체의 기능, 삶의 규칙에 대한 필요성 등과 같은 것들이 서로 다양하게 이해되었다. 그 결과 영성에 대한 다양한 접근법들과 서로 다른 영성 타입, 영성 학파가 존재하게 되었다. 그 이유는 궁극적인 가치와 이상이 놀랄 정도로 매우 다른 방식으로 이해되고 추구되어왔고, 현재도 그렇게 추구되고 있기 때문이다.

이런 모든 방법은 어떤 공통된 특징을 공유하고 있는데, 이것은 특히 기독교 영성을 특징짓는 것이다. 기독교 영성은 성경, 특히 신약에 계시된 예수 그리스도의 인격과 그의 말씀, 그리고 그의 행적에 뿌리를 두고 있다. 기독교 영성의 특징은 믿음, 소망, 특별히 사랑이다. 그러나 역사는 개인과 그룹은 이 특징들을 서로 다양한 형태로 표현해 왔다고 증명해 주고 있다. 그들은 복음서의 삶을 서로 다른 방식으로 살았는데, 그 이유는 계시된 어떤 가치와 이상들이 자신들의 자기 초월과 인격 통합의 과제에 있어 다른 것들보다 더 핵심적인 것으로 인식되었기 때문이다.

기독교 영성의 다양성은 복음의 각성 시기로 불리는 중세 절정기(High Middle Ages)에 복음서의 말씀에 자극받아 서로 다른 형태의 삶으로 발전되었다. 이 시대는 복음서를 실천하는 다양한 형태가 출현한 것이 그 특징이다. 복음의 각성 시대인 중세 말기가 보여준 것처럼, 복음서에 나타난 하나님의 성육신한 말씀인 그리스도에 관한 관심은 기독교의 시대마다 동일한 강조점을 두지 않았다는 것을 알아야 한다. 따라서 이런 관점에서 보면, 사람들은 중세 그리스도인들에게 있어 복음서 본문이 어떤 중요한 역할을 하고 있는지, 그리고 예수 그리스도의 인성 속에서 성육한 말씀을 어떻게 복음서가 계시하고 있는지를 더 잘 알게 된다.

자기 초월과 인격 통합의 핵심인 말씀(the Word)이신 그리스도는 사람에 의해 매우 다른 방식으로 이해되었고, 또한 서로 다른 방법으로 추구되었다. 시토회(Cistercians)는 성육하신 말씀인 그리스도의 인성에 초점을 두고 접근하면서, 그리스도의 심장을 가지고 하나님과 연합하는 것을 추구했다. 말씀인 그리스도는 사랑의 입맞춤이 교환되는 감정적 포옹을 통해서 접촉, 더 정확히 말해서 맛보게 된다.

말씀이신 그리스도에 대한 성 빅톨 수도원의 리처드(Victorines Richard)와 휴(Hugh)의 접근 방식 또한 다르다. 여기에서 이상은 공동체를 세워주는 모범을 통해서 그리스도께 나아가는 것이다. 이때 그리스도는 효능이 있는 것이다. 릴레의 알렌(Alan of Lille)은 최고의 이상을 말씀을 대중적으로 설교하는 것으로 봄으로써 다른 사람들을 풍성한 그리스도의 삶에 참여하도록 인도하려고 했다. 성 프란시스는 복음서의 예수 그리스도를 문자 그대로 본받음으로써 말씀의 이상을 성취하려고 했다. 성 도미니크와 그의 후계자들은 기독교 신앙이 정도를 벗어나는 상황에서 기독교 진리를 건전하게 해석할 필요성을 가지고 말씀을 대중적으로 설교했다.

위에서 언급된 모든 개인과 운동들이 타인과 하나님과의 관계에서 자기 초월의 과제를 이루기 위해서 하나님 말씀의 가치와 이상에 모두 참여했지만, 이들 각자가 가진 말씀에 대한 특별한 접근법과 적절성으로 인해 독특한 기독교 영성 즉 복음의 메시지를 살아가는 서로 다른 방식들을 만들어 냈다.

현대에도 이와 마찬가지로 최고 이상이나 궁극적 가치가 서로 다르게 이해되고 추구됨으로써 다양한 기독교 영성들이 존재하고 있다. 도로시 데이(Dorothy Day)의 주도 아래, 가톨릭 노동자 운동(Catholic Worker Movement)에 참여하는 사람들은 가난한 자와 학대당하는 자들의 필요를 채워 주고, 모든 사람이 다 같이 성장할 수 있는 세계를 건설하는 노력으로 평화와 정의의 기독교 공동체를 세우는 이상을 추구하고 있다. 가난한 자 중에서 가장 가난한 자로서 배고프고 목마른 자로 존재하는 그리스도에 대해 사랑의 봉사를 한다는 이 이상은 세상에서 가장 무시되고 버려진 사람에게 자비의 사랑으로 일하는 마더 테레사와 자비 선교회(Missionaries of Charity)에 의해 추구되고 있다. 그리스도인들 간의 연합이라는 가치는 떼제와 그랜드챔프(Grandchamp) 공동체에서 용서와 화해의 실천을 통해 추구되고 있다.

이들 두 수도원 공동체는 남녀로 구성되어 있고, 서로 다른 교단과 교파 사람들로 구성되어 있다. 인간의 존엄성과 거룩성이라는 가치, 특히 가장 심한 정신적 장애자들에 대한 존엄성은 장 바니에(Jean Vanier)와 라르쉬(l'Arche) 공동체가 팔복을 기초로 해서 함께 사는 것으로 추구되고 있다. 이 공동체에서는 가난한 자들과 상처 입은 자들이 자부심을 품고 있고, 연약한 자들과 작은 자들이 똑똑하고 강한 사람들의 스승이 되고 있다.

베네딕트 규율을 지키는 사람들은 매일의 삶에서 기도와 노동의 리듬 속에서 하나님께 경청한다는 이상을 실천하고 있다. 그리고 예수회 전통 속에 있는 자들은 모든 것에서 하나님을 찾는다는 이상을 실천하고 있다. 따라서 그들은 매우 다양한 영역의 활동에 참여하고 있고, 더 큰 영광을 하나님께 돌리기 위해 탁월성을 추구하면서 여러 종류의 봉사를 통해서 이 일들을 성취하고 있다.

따라서 과거와 현재 모두 매우 다양한 기독교 영성들이 존재하고 있다. 이들 영성들은 예수 그리스도 안에 계시된 최고의 이상과 궁극적 가치를 서로 다르게 이해하고 추구했기 때문에 생겨난 것이다. 그러나 문제는 여전히 남는다. 즉 가치에 대한 서로 다른 이해와 최고의 이상을 실현하는 다양한 방법들을 어떻게 설명할 것인가? 왜 이해 방식이 다르고, 추구 방식이 다양한가?

만일 인간이 세상 속에 있는 영이라고 한다면, 그들이 살고 있는 구체적인 세상이 그들의 이해 방식을 다채롭게 만든다. 그리고 인간이 살고 있는 이 세상은 그들의 내적인 삶이나 완전을 추구하는 삶에만 영향을 주지 않는다. 따라서 자기 초월이라는 인간의 추구가 현실화하고, 성령이 다양한 방식으로 역사하는 폭넓은 상황을 염두에 두어야 한다.

결론

이번 장에서 영성 용어 가운데 몇 가지 핵심 단어는 "기독교 영성이란 무엇인가?"라는 질문에 대답하면서, 이것과 관련해서 정의해 보았다. 앞에서 기독교 영성은 성령의 임재와 능력 가운데 그리스도인의 삶을 사는 것이라고 가장 근본적으로 정의했었다. 기독교 영성은 몸과 마음과 영혼을 통합하려는 인간의 기본적이고 근본적인 추구라는 배경에서 가장 잘 이해된다. 이 문제에 대해서는 칼 라너의 사고가 매우 유익하다. 그 이유는 그는 성령 안에서의 그리스도인의 삶을 자기 초월적인 지식, 자유, 사랑을 통해서 자신을 통합하고 완성하려는 보편적인 인간의 열망에 대한 특별한, 아니 유일한 표현으로 보았기 때문이다.

그리스도인들은 역사를 통해서 성령의 임재와 능력 가운데 사는 삶을 추구해 왔고, 이것을 매우 다양한 방식으로 실천해 왔다. 현대 영성의 윤곽을 앞에 두고, 기독교 전통을 검토해 보는 것은 오늘 이 세대에 진정한 영성의 표현이 무엇인지를 깨닫는 데 매우 유익한 통찰력을 준다. 오늘날 기독교 영성을 산다는 것은 기독교 전통과의 의식적인 관계를 맺을 것을 요구하고 있다. 그런데 어떻게 기독교 전통을 바라보고, 현대 그리스도인이 어떻게 이 기독교 전통들과 관계를 맺을 것인가 하는 문제는 최종적인 결론이 없는 주제이다. 따라서 이 문제를 다음 장에서 다루려고 한다.

제3장

살아있는 영성 전통

　오늘날 기독교 전통에 대해 많은 관심이 일어나고 있는 이유는 무엇인가? 그리고 많은 사람이 옛날 영적 거장들의 글을 읽는 이유는 무엇인가? 이 질문에 대해 그 누구도 명확한 대답을 할 수 없다는 것은 이 주제가 매우 복잡하다는 것을 의미한다. 그러나 오늘날과 같이 문화적으로 격변하고, 방향을 알 수 없는 상황 속에서는 역사 속의 과거 시대가 가진 장점에 깊이 감사하는 일이 종종 일어나곤 한다. 그러나 이런 관심은 낭만적이고, 감상적이다. 우리는 지나간 시대를 황금시대로 바라보곤 한다. 그러나 그 시대는 금방 어리석은 시대로 돌변한다. 저자의 어머니가 살았던 아일랜드에는 다음과 같은 속담이 있다: "그 옛날 황금시대는 그 시대를 살아보지 않았던 사람에게나 좋은 것이다."

　오늘날과 같은 역사의 중요한 전환기에서, 우리는 세상이 그 이음새로부터 이탈해 가고 있다는 느낌을 종종 받는다. 많은 사람이 나침반 없이 여행을 떠나서 길을 잃어버리는 것과 같다. 따라서 영성생활을 순례로 비유하는 것(이것은 최종 목적지가 있다는 것인데)이 옳은 것인지 참으로 분석해 보아야 한다. 순례라는 용어가 그리스도인의 삶의 방식을 올바르게 묘사한 것인가?

　우리는 가끔 문화적, 사회적, 정치적, 종교적 폐허 한 가운데 서 있는 것

같은 느낌이 든다: 죄 없는 수백만 명의 사람들을 괴롭히는 폭력, 전체 인종을 몰살하는 대량 학살, 힘 있는 인종이 무력한 인종에게 가하는 억압, 북아일랜드의 오랜 갈등, 에이즈의 공포, 일상적으로 저질러지는 무감각한 범죄, 갱, 외설적인 랩 음악, 르완다와 보스니아에서의 학살 등. 이 모든 사건은 우리를 당황스럽게 만들고, 갈피를 잡지 못하게 만든다. 충격적인 사건들과 역사적인 테러가 가져온 의미와 질서를 주었던 세상의 단절은 하나님의 계획과 섭리하시는 하나님에 대한 신앙을 의심하게 했다. 우리는 불안 속에서 당황하고 있다. 이런 문화적, 사회적, 정치적, 종교적인 몰락은 삶의 모든 차원에 영향을 주었다. 의미와 목적과 가치를 주었던 모든 세계는 이제 휘청거리고 있다. 세상에 안정감과 신뢰감을 주었던 많은 것이 산산이 부서져 버렸다. 그 결과 우리는 옛 세대가 의지해 왔던 연합, 안정감 등은 느낄 수 없게 되었다.

많은 사람이 공통으로 느끼고 있는 이런 분열에 대한 당혹감이 팽배해 있는 현실 속에서, 사람들은 숨겨진 보고, 내적인 힘, 인간 심령 속에 있는 영의 생명 등을 의지해야 할 필요성을 더 많이 느끼게 되었다. 이제껏 의미를 주었던 외부 세계가 붕괴하면서, 내면으로 향하는 움직임이 생겨났다. 영성생활에 있어 영적인 동료와 인도자를 발견하려는 소망을 가지고 우리는 우리 앞에 살았던 사람들을 향해 눈길을 돌리게 되었다.

역사와 전통을 향함

기독교 영성은 필연적으로 기독교 전통과 관련되어 있다. 성령 안에서의 삶을 추구하는 사람들은 오래되고, 깊고, 강한 뿌리를 가진 기독교 역사의 한 부분에 자신들이 속해 있다는 것을 깨달아야 한다. "현재주의"(presentism)의 위험이 매우 큰 오늘날과 같은 시대에서는 이것을 더 강하게 주장할 필요가 있다. 오늘날 사람들은 먼 과거의 지혜와 방법에서 그 어떤 가치도 발견하지 못한다. 단지 과거의 것은 구식이고, 새로운 것만이 좋은 것으로 생각한다. 현대적이고, 진보적인 것으로 가장한 이러한 시각은 근시안적이고, 거만한 것이다.

특히 최근에 교회는 역사로 향했고, 기독교 신앙과 삶의 근원을 향해 되돌아갔으며, 더 깊은 역사적인 의식을 갖게 되었고, 영성 인물들과 운동을 성령의 임재와 능력을 갖추고 그리스도 안에서 산 그들의 상황에서 그것들을 이해하는 것의 중요성을 인식하게 되었다. 이와 함께 기독교 전통의 장점과 이 집합적인 영적인 지혜가 현대 영성생활을 더 풍요롭게 하는 그 방법에 대해서도 더 분명한 인식을 하게 되었다. 그러나 그와 동시에 기독교 전통의 영적인 지혜에도 단점이 있다는 것을 깨닫게 되었다. 이 영적 지혜는 오늘날 우리가 당면한 문제들에 대해 준비된 해답을 주지 못한다.

오늘날 현대 그리스도인들은 아빌라의 테레사, 십자가의 성 요한, 베진, 마이스터 에크하르트, 아씨시의 성 프란치스코와 클라라, 막데버그의 메히틸드, 벤진의 힐데가드, 클레르보의 버나드, 샤를르 드 푸꼬와 같은 영성 인물들에 대해 상당한 관심이 있다. 과거 영성 인물들과 운동들에 관한 관심은 이 시대의 여러 출판사에 많은 영향을 주었고, 그것이 또한 책으로 출판되기도 했고, 대다수의 것들이 기독교 영성 역사에 관심을 가진 것들이다. 많은 영성 관련 출판물을 포함해서 오랜 기독교 영성 역사 속에 있는 예술, 건축, 음악, 의복, 그리고 다양한 비문서적인 표현이 더 많은 현대 그리스도인에게 기독교 영성 전통의 풍부함과 다양성을 접하게 해준다. 이런 많은 출판물은 우리 앞 시대에 성령 안에서의 삶을 살았던 사람들과 더 깊은 친밀감을 느끼기를 원한다는 강한 열망을 보여준다.[1]

과거를 바라보는 두 가지 시각

영성생활의 깊은 풍성함을 발견하기 위해서 기독교 전통과 역사로 그 방향을 돌린 것은 큰 장점이고 환영할 만한 발전이다. 그러나 현대 그리스도인이 과거로 향하는 데에는 서로 다른 이유가 있다는 것을 알아야 한다. 단순화하는 위험이 있지만, 그 밑바닥에는 현대에 널리 퍼져 있는 과거를 보는 두 가지 관점이 자리 잡고 있다는 것을 지적하고 싶다. 그 첫 번째는 "안식처를 찾으려는" 것이고, 두 번째 것은 "풍부함을 회복"하려는 것이다.

제2차 바티칸 공의회를 통해서 바뀐 것이 무엇이든지 간에 다음과 같은 사실들 즉, 많은 사람이 토마스 아 켐피스의 『그리스도를 본받아』, 리주의 성녀 테레사의 『영혼의 이야기』, 버틀러의 『성인의 일생』, 그리고 다른 영성생활의 고전들을 읽고 있다는 사실은 바뀌지 않았다. 아직도 많은 사람은 기도에 열중하고 있고, 9일간의 기도와 경건의 훈련을 하고 있다. 기도 카드를 가지고 다니고, 자신이 죽었을 때 미사를 집전해 달라는 요청을 하

---

[1] 한 연구 조사가 Michael Downey가 편집한 책에서 볼 수 있다. "Spiritual Writing, Contemporary" in *New Dictionary of Catholic Spirituality*. Michael Downey, ed. Collegeville, MN: Liturgical Press, 1993, pp. 916-922. 아마도 영어로 된 책에서 기독교 영성의 역사에서 다양한 인물과 운동 경향을 가장 포괄적으로 다룬 것은 Paulist Press에서 출판한 *Classics of Western Spirituality* 의 제목을 가진 시리즈이다.

기도 한다. 또 로사리오 기도를 드리고, 기적의 패 등을 목에 걸고 다니기도 한다. 또한 새로 개정된 전례력에 그의 기념일이 없다는 것을 한탄하면서도 성 크리스토퍼의 메달과 작은 동상으로 차 안을 장식하기도 한다. 그리고 여러 종류의 머리 두건을 쓰기도 하고, 비디오를 통해 풀톤 쉰의 메시지를 듣기도 한다. 그러나 과거에는 매우 전형적인 것이었던 이런 대중적인 경건을 사람들이 계속 실행하는 동기는 다르다.

전통 속에서 안식처 찾기

오늘날과 같은 사회적, 문화적 혼돈 상황에서 많은 사람이 지나간 시대에서 위안과 안정감을 찾기 위해 과거로 향하는 것은 전혀 놀라운 일이 아니다. 많은 사람은 제2차 바티칸 공의회가 교회 역사 속에서 잘못된 방향이었다고 강하게 믿고 있다. 그래서 교회에서 일어난 많은 변화에 대해 슬퍼하면서 과거로 되돌아가기를 원하고 있다. 그들은 19세기에 유행했던 영성 형태를 가리키는 "전통적인" 영성에 대해 강하게 동경하고 있다. 그러나 이런 전통적인 영성이 풍부한 기독교 영성 전통을 대표하기는 어렵다.

이런 식으로 과거를 보는 것은 오늘날 현대 세계가 가진 기독교적 성격을 없애려는 강한 의식 즉, 세계는 "손바구니 속에서 지옥으로 향할 것이다"라는 의식에 의해 더 박차를 가하게 되었다. 그리고 참된 신앙 형태와 영성생활의 형태를 얻는 데 더욱 강한 열정을 품고 있다.

이런 현실들은 비오 신부에 관한 이야기나, 몽포르의 루이스 그리니온의 책, 루르드의 벨라뎃따 이야기, 라 살레테에서의 발현 이야기, 기적 이야기, 마리아 볼또르따의 하나님-인간(Man-God), 메주고리에서의 성모 마리아 발현들, 파티마의 성모 마리아에 얽힌 비밀 등에 잘 나타나 있다. 만일 진실을 말한다면, 손가락을 흔드는 마더 안젤리카와 그의 TV 전도팀이 기독교 전통과 역사를 이런 식으로 바라보는 많은 현대 가톨릭 신자들의 종교적이고, 영적인 상황을 잘 대변해 준다고 하겠다.

전통적인 영성 실행의 장점이 무엇이든 간에, 그중에는 외경에 근원을 둔 것들이 있다. 이런 경향의 상당수가 신 가톨릭 근본주의의 표현이다. 이 가톨릭 근본주의에 대해 간략한 정의를 내리기는 어렵지만, 다음과 같이 말할 수 있을 것이다: "우리는 오늘의 세계가 어떻게 돌아가든지 그것들을 좋아하지 않는다. 과거의 방식대로 하는 것이 좋다."

가톨릭 근본주의자들 가운데는 "옛 종교"에 사로잡힌 사람들도 있다. 오늘의 세계에서 당면하고 있는 여러 복잡한 문제들에 대해 분명하고도 구체적인 해답을 제시해 주는 TV 전도자들을 동경하기도 한다. 그들 마음속에는 오늘의 세계는 타락하고, 부패하고, 퇴폐적이라는 인식이 있다. 따라서 그들은 구원을 보장해 주는 분명한 경계선을 가진 교회나 본질적으로 변하지 않는 전통에서 안식처를 찾으려고 한다.

이때 영성의 역할은 눈물 많은 이 세상에서 "평온 지대"인 안식처와 완충 지대를 제공하는 것이다. 이런 식의 영성에 대한 접근법이 발현, 눈물 흘리는 동상, 특별한 계시, 암울함과 임박한 멸망에 대한 메시지 등을 만들어낸 것이다. 이와 동일선상에서 대부분 그리스도인이 복잡한 이 세상에서 반드시 직면하게 되는 일상적인 도전들에 대해서는 조금 또는 전혀 관계도 없는 여러 종류의 비일상적인 현상들에 몰두하게 되었다.

그런데 마치 채널을 마구 돌려서 보고 싶은 TV 쇼를 선정하는 것과 같은 이런 영성의 경향들이 단지 가톨릭에서만 발견되는 것이 아니다. 사실 대다수 TV 복음 전도자들은 가톨릭 신자들이 아니다. 이런 전통주의자들의 실행은 고학력자들이나, 예술적 감각을 가진 자나 과학 기술에 능통한 자들에 의해 진행되는 것이 아니다. 전통주의를 추구하는 자들은 이미 지나간 시대의 영성으로 되돌아가려고 애쓰고 있다. 전통주의적이고 보수적인 사람들의 목소리 가운데에는 현대의 긴급한 문제와 관심들을 열렬히 붙잡으려는 것을 강하게 도전하는 것도 있다. 또한 우리가 가진 모든 문제점은 과거에 했던 방식으로 되돌아가기만 하면 자연히 해결된다고 주장하는 의로움, 거만함도 있다. 이런 전통주의적인 경향은 정치적 세력에 의해 인정되고, 강화되었으며, 그 어떤 변화에도 반대하는 종교적, 정치적 보수주의자들의 부에 의해서 더 큰 세력을 얻게 되었다.

확실한 것은 기독교 영성에 대한 이런 전통주의적인 접근법에도 약간의 장점이 있다는 것이다. 그러나 과거에 유행했던 영적인 전통과 전통주의자들이 되돌아가려고 애쓰는 영적 전통은 아무리 좋게 표현한다고 하더라도 단점과 한계점이 있다. 그 단점은 다음과 같다.[2]

첫째, 과거의 영성은 그 출발점과 전제에 있어서 다분히 이론적인 경향이 있었다. 즉, 과거 영성의 접근법에서는 영성의 재료이자, 영성생활의 출발점인 인간 체험에 관해서는 관심이 적었다. 영성생활에 대하여 접근할 때, 단지 은혜와 죄에 대한 협소한 개념, 매우 정교한 교리, 기도에 대한 여러 접근법에 대한 분명한 규칙들, 그리고 영적 생활에서 성장하기 위해 자신의 성실함을 나타내는 표시로서 엄격하게 따라야 할 명확하게 규정된 기

---

2) John Heagle, "New Public Piety: Reflections of Spirituality." *Church* 1 (1985). pp. 52-55.

도 방법 등을 가지고 시작했다. 그러나 이런 접근법에서는 성, 인종, 사회적 위치, 삶의 상황, 경제적, 교육적 배경 등에 기초한 사람들 사이의 차이 즉, 인간의 다양성이 차지할 자리가 매우 좁았다. 단지 영성생활에 대한 이론이 영성에 관심 있는 사람에게 무조건 적용된 것이다.

둘째로, 이전 시대의 영성은 그 전제에 있어서 엘리트적이었다. 사제들과 남녀 수도자들 높은 영성의 위치에 이르도록 부름받은 사람들로 인식되었다. 그들은 소명이 있었다. 그러나 진지하게 영성생활을 하려는 평신도들은 종종 "소명을 받지 못한" 사람이라고 불렸다. 그리고 종교와 신앙생활에 관심을 보이는 어린아이들은 "잠재적 소명자"로 보았다. 암시적으로 평신도들은 소명을 받지 못한 자들이었다. 또한 결혼이 실제로 성사적인 실재(혼배성사)로 이해되고 있음에도 불구하고, 진정한 영성생활에 있어서 걸림돌이며, 극복해야 할 장애로 취급되었다. 이 세상에 사는 것은 더 높은 소명을 추구하기 위해 속세를 벗어난 사람들의 삶보다 열등하다고 생각되었다. 이런 접근법은 그리스도인의 삶으로 부르심을 받은 세례의 중심성을 무시하는 것이다. 그리고 교회에 속한 삶을 살기 위해서 세상을 떠나 영성생활을 진지하게 추구하도록 사람들을 설득하는 과정에서 교회의 본질인 세상 안에서, 세상을 향한 성례가 간과되었다.

셋째로, 이전 세대의 영성은 저 세상적인 경향이 있었다. 영성생활은 힘든 고행과 함께 희생, 자기 부인, 자기 포기로 구성되어 있다고 생각되었다. 이 세상에서의 삶은 영원한 하늘나라에서의 기쁨과 비교할 때 부수적이었다. 그래서 이것은 일상적인 일 즉, 아이들을 돌보는 일, 교육, 시민으로의 의무, 경제적, 정치적 책임 등을 하는 사람들을 바라보면서 자만심을 품게 하는 효과를 가져왔다. 이런 영성은 이 세상 사람들이 반드시 겪어야 하는 복잡한 문제와 긴급한 도움에 대해 무관심하게 만들었고, 많은 가난한 자들과 고통당하는 자들에 대해서도 무관심하게 되는 결과를 가져왔다. 많은 사람은 이 세상에서 해야 할 자신과 타인들의 삶에 대한 책임을 회피하면서 영원한 세상에서의 삶이 유일하고 참된 삶이라고 믿으면서 자신들을 위로했다.

영성생활에 대한 이런 전통주의적 접근법은 무엇보다도 개인주의가 매우 강하게 나타난다. 이에 대한 로즈매리 허튼의 주장이 매우 유익하다.

"우리가 물려받은 영성은 그 풍요로움과 신성함을 포함해서 본질적으로 개인주의적이다. …이 영성은 하나님을 추구하고, 개인의 신성함을 추구하는 데 모든 책임을 두고 있다. 사람들은 지도가 필요하고, 영적인 추구를 지지해 줄 삶의 구조를 필요로 한다. 인간의 삶의 목표는 개인 구원과 가능하다면 개인적인 거룩함으로 이해되었다. 그래서 궁핍한 사람들을 섬기는 전통적이고, 열정적인 기독교인의 헌신은 단지 섬기는 그 사람의 개인적 신성함을 달성하는 수단이 되어 버렸다."[3]

이렇게 영성의 단점을 열거하는 이유는 기독교 영성의 전통들이 폐기되어야 한다는 의미가 아니다. 그렇다고 새로운 것은 좋은 것이고, 옛날 것은 구식이라는 주장도 아니다. 기독교 전통에는 위의 여러 단점과 그 외의 다른 단점을 포함해서 오늘날 이 세상에서 기독교인들이 삶을 사는 데 도움이 되는 것들이 많다. 그러나 이 유익은 기독교 영성의 오랜 전통으로부터

---

3) Rosemary Haughton, "Prophetic Spirituality." *Spiritual Life* 35/1 (Spring 1989), pp. 52-55

얻을 수 있을 것이다. 그리고 이것은 전통이 가진 풍부한 지혜의 보고에 대해 주의 깊은 비평적인 회복 작업을 해야 할 것이다.

전통의 풍부함 회복하기

과거 역사를 바라보는 두 번째 방법은 오늘날, 이 세상에서 성령 안에서의 삶을 고취해 줄 풍성함을 과거에서 찾는 것에 초점을 맞추고 있다. 이런 관점은 과거 속에 보석과 돌이 함께 섞여 있고, 이를 채질하는 것은 과거의 풍요로움에서 유익을 얻으려는 마음이라는 것을 깨닫고 있다. 기독교 전통의 부요함을 회복하기 위해서는 "영성"이라는 단어가 기독교 역사 속에서 어떻게 사용되었는가를 조사하는 것이 도움이 된다. 이런 조사는 초기 그리스도인이 영성을 어떻게 이해했는지를 보여줄 것이고, 그때는 대체로 영성이 통전적이고, 통합적으로 이해되었는데 점차 협소해졌다는 것을 보여줄 것이다. 그리고 이 조사는 전에 우리가 물려받은 영성에 대한 이해인 이론적이고, 엘리트적이고, 저 세상적이고, 개인주의적인 이해 방식이 참된 전통적인 영성이 아니라는 것도 보여줄 것이다. 실은 제2차 바티칸 공의회 때 발표된 그리스도인의 삶에 대한 새로운 비전의 기초를 제공하는 영성 이해가 오래전에 있었다.

역사로부터 배우기

기독교 전통의 오랜 역사에서 볼 때, "영성"이라는 단어는 최근에 생겨난 단어이다.[4] 이 단어의 어근은 헬라어인 "성령"(*pneuma*)의 형용사격으로서 바울이 사용한 "영적인"(*pneumatikos*)이라는 단어이다. 바울이 사용한 "영적인"(spiritual)이라는 단어는 성령의 지배권 아래 있는 그 모든 것을 묘사한 것이다. 특별히 바울은 생래인(natural person)과 대조되는 "영적인" 사람(고전 2:14-15)을 묘사하는 데 이 단어를 사용했다. 여기서 중요한 것은 바울이 이 단어를 인간의 영적인 차원을 가리키거나, 물질적인 차원이나 인간의 육체와 대조되는 보이지 않고 영원한 실체인 인간의 영혼을 묘사한 것이 아니라는 점이다. 도리어 바울은 통전적인 존재로서 성령의 임재와 능력에 따라 움직이는 인간과 이 성령의 지배를 받지 않는 사람을 구별했다.

바울의 이런 이해는 12세기까지 기독교 역사의 대부분에 걸쳐서 지속되어 왔다. 그러나 12세기부터 여러 종류의 이원론이 시작되었고, 마니교(Manichaeism) 및 이와 관련된 유사 이원론이 가장 유명했다. 중세 신학에 영향을 끼쳤던 철학적 이론의 발달로 인해서 영적인 것을 물질적인 것과 대비해서 보는 이해가 생겨났다. 그러나 이때까지 인간은 계속 통전적인 존재로 인식되었고, 인간이 지능과 의지, 이성과 감성, 몸과 영혼, 물질과 영혼 등 서로 다른 부분으로 구성되었다는 인식은 생기지 않았다. 그렇지만 이런 특징들이 중세 말에 이르러서는 분명히 드러났고, 이것은 그 후 세대에 이것들 사이의 경계선을 분명히 긋도록 그 길을 열어 놓았다.

"영적인", 또는 "영성"이라는 단어는 17세기, 특히 프랑스에서, 강한 감

---

4) 이 단어의 발전과 다양한 사용법에 대한 좋은 설명은 Sandra M. Schneiders "Theology and Spirituality: Strangers, Partners, or Rivals." *Horizons* 13/2 (1986). pp. 253-247. 특별히 257페이지를 보라.

정적인 의미를 내포한 내면생활을 가리키는 말이 되었다. 이 말은 그때 당시의 선언인 의지는 그 목적에 있어서 지성보다 더 우월하다는 말로 이해되어야 한다. 그 결과 중세 말기에는 영성 개념에 있어 분명한 분열을 가져왔고, 몇몇 영향력 있는 신학 저서에 그 징조를 나타냈으며, 특히 쟝 게르송(Jean Gerson, 1363)의 저서에 그것이 잘 나타나 있다. 영성을 그리스도인의 삶의 다른 부분과 영성의 실행 그 중 특히 신학적인 사고와 영성을 분리해서 보는 이 불행한 결과가 20세기까지 이어져 내려오게 된 것은 아마도 게르송의 영향일 것이다. 게르송은 오늘날 우리가 가리키고 있는 영성이라는 단어와 신학적인 사고가 서로 다른 목적을 가지고 있다는 이유로 분리해 버렸다. 그는 영적인 접근법은 궁극적인 선(Goodness)으로 인식된 하나님과의 일체에 그 목적이 있지만, 신학적인 접근법은 궁극적인 진리(Truth)로 인식된 하나님과의 일치에 있다고 주장했다.[5]

이런 분리가 가져온 불행한 결과 중 하나는 후대 사람들이 영성을 비이성적이고, 열정적이고, 억제되지 않고, 또한 종종 비정통적인 것이라는 의심하게 만든 것이다. 그 결과 영성이라는 단어는 매우 부정적인 의미를 띠게 되었다. 그중 하나의 예를 들면, 17세기 프랑스에서는 "영성"이라는 단어가 후에 영성생활과 그 실행에 있어서 더욱 균형 잡히고 건전한 접근법으로 여겨졌던 "경건"(devotion)이라는 말과 반대 개념으로 사용되었다. 영성을 내면적인 생활, 완전을 추구함, 소수의 사람만이 자연적으로 또는 은혜

---

5) D. Catherine Brown, Pas*tor and Laity in the Theology of Jean Gerson*. New York: Cambridge University Press, 1987; James L. Connolly, *Jean Gerson: Reformer and Mystic*. Dubuque: Brown, (1982) 1962.

에 의해서 이 생활로 부름을 받았다고 보는 기존의 영성 이해에 대한 강한 선례가 바로 17세기 프랑스였다. 이제 더 이상 영성이라는 단어는 입교 의식과 계속적인 성만찬 참여를 통해 그리스도의 몸인 교회에 연합됨으로써 주어지는 성령 안에서의 삶을 가리키는 말이 아니었다. 도리어 이것은 신부나 종교 수도자들의 특권이 되어버렸다. 예외적으로 세상 속에 있는 평신도들에게 영성생활이 소개되기도 했지만, 이것은 종종 신부들이나 수도사들의 더 높은 소명의 덕에 의해 도달할 수 있는 영역의 한 부분에 불과했다.

18, 19세기에 이르러서, "영적인 것"과 "영성"이라는 단어는 점점 대다수 일반 그리스도인이 참여할 수 없는 그리스도인의 삶이나 기도를 가리키는 말이 되어버렸다. "영성"은 오직 소수의 사람만이 추구할 수 있는 완덕의 삶과 신비적 은혜의 삶의 영역을 가리키는 말이 되었다. 따라서 영성생활은 세례의 은총의 한 부분으로 취급되지 않았다. 이때의 영성은 내적인 삶, 완덕의 삶, 신비적 은혜와 연합의 삶이었다. 여기서는 진정한 그리스도인의 삶에 필요한 것들인 계명에 충실하고, 성례전적 삶에 참여하고, 전통을 고찰하고, 교회의 가르침에 순종하는 것 등이 무시되었다.

더 나아가서 19세기에는 영성이 더 실제적이 되었고, 경험을 강조하는 것이 되었다. 그러나 이것은 단지 신학적 교리를 실제 그리스도인의 삶의 영역에 적용하는 것이었다. 이런 영성은 영성생활의 높은 단계에 속한 개인의 내면생활에 관심을 가짐으로써 최상으로 성취되었고, 또한 개인의 영성 훈련을 감독하고, 내면생활에서 얻는 통찰력이 신학적으로 정통이고, 윤리신학의 경전에 비추어서 이미 덕으로 알려진 것과 일치한다고 선언하는 영성 지도자들에 의해서 최상으로 이루어졌다.

이러한 우리들의 짧은 연구는 영성에 대한 이해가 항상 유동적이었고, 시대마다 영성에 대한 이해가 달랐다는 점을 보여준다. 이는 영성 역사에 대한 우리의 관점이 무엇이고, 영성이 무엇이고, 영성이 제공하는 것이 무엇인가에 대한 문제는 주로 우리가 서 있는 위치와 역사를 바라보는 시각에 달려 있다는 것을 말해준다.

대부분의 역사관은 전체의 역사를 통해서 발전된 어떤 통찰력과 진리에 초점을 맞춘 직선적 진보관을 가지고 있다. 그러나 본질적으로 시대마다 역사는 변하지 않았다. 이는 교회의 기원에 대한 일반적인 이해를 살펴보면 매우 명확하게 알 수 있다. 직선적인 진보사관에서 보면, 교회는 예수에 의해서 세워졌고, 직선적인 역사 시간 속에서 유기적으로 발전되었으며, 그 본질은 변하지 않았다.

그러나 진지한 역사적, 신학적인 연구는 이렇게 교회 역사를 보는 것이 매우 복잡한 교회 생활 과정을 너무 단순하게 읽는 것이라고 주장한다. 최근의 역사 연구는 어떤 사람들이 제안하는 것처럼 역사 발전이 그렇게 단순하고 작은 과정이 아님을 보여주고 있다. 따라서 비록 최근의 역사 연구들이 아직도 직선적인 진보사관을 발전시키고 있지만, 위의 논지는 영성의 역사에 있어서도 사실이다.[6]

---

6) 그와 같은 접근 방식은 Bradley P. Holt의 최근 책에서 볼 수 있다. Bradley P. Holt, *Thirsty for God; A Brief History of Christian Spirituality*. Minneapolis: Augsburg/Fortress, 1993; 또한 다음의 책을 보라. Louis Bouyer, et al., *A History of Christian Spirituality*, Vol. 1: *Spirituality of the New Testament and the Fathers*. New York: Seabury, 1963. Bouyer는 모든 기독교 영성은 신약, 특히 요한 문서와 바울 서신에 나타난 영성으로부터 유기

이런 접근법은 기독교 영성의 발전을 성서적 기원으로부터 시작해서 교부 시대, 중세, 종교개혁 시대, 근대, 현대로 추적해 내려오고 있다. 이때의 계속적인 관심은 영성의 역사를 함께 묶을 수 있는 실마리가 되는 주제를 발견하는 데 있다. 역사는 이런 주제와 함께 가끔 다루기 힘든 어떤 역사적 특성에 대해서는 그리 큰 페이지를 할애하지 않는다. 그리고 전통 속에 나타난 다양하고 풍부한 영성생활의 체험에 대해서도 거의 관심을 두지 않는다.

역사의 주류적인 경험이 아닌 대안적 경험에 초점을 맞춘 최근의 영성 연구는 매우 유익하고, 역사의 본질 그 자체가 간략한 직선적 역사 발전에 도전해야 한다는 것을 제안하고 있다. 사실 역사는 어떤 의미에서 더 산발적이고, 더 이야기적이고, 그리고 더 무작위적이다.

따라서 역사는 예정된 어떤 계획—문제시되는 실체가 영적일지라도—을 펼쳐 보여준다는 생각에 도전한다. 역사는 겉으로 보기에 일정치 않은 여러 사건과 경험들로 둘러싸인 하나의 수수께끼이다. 이런 사건들과 경험들은 모든 것들이 하나님의 계획에 의해서 드러난다는 생각과 신적으로 예정된 더 높은 질서 속에 숨겨진 어떤 명령에 따라서 모든 것들이 발전된다는 생각에 의문을 던진다.

좀 이상하긴 하지만, 기독교 영성 역사를 이해하는 데 가장 중요한 발전 가운데 하나는 역사를 진지하게 즉, 역사 그 자체로(as history) 보려는 노력

적으로 발전되었다고 주장한다. 그러나 더 나아가서 모든 진정한 기독교 영성의 모습은 초대 수도원에서 구체화하였다고 주장한다. 바우어에게 있어서 기독교 영성의 그 후 발전은 수도원에서 다양하게 파생된 것이다.

이다. 확인된 현재의 입장에서 역사를 바라보는 것이 아니고, 역사를 그 자체의 용어로 해석하고, 인물, 운동, 사건 등을 그 역사적인 배경 속에서 점검해야 한다는 인식이 생겨나고 있다. 우리가 이미 진리로 결정한 것을 역사가 확인해 주지 않는다고 해서 역사로부터 쉽게 등을 돌릴 수는 없다.

이와 마찬가지로, 어떤 사람들은 "전통적인"이라는 단어를 최근의 19세기적인 것에 대한 자신들의 견해를 지지하는 데 사용하고 있고, 또 어떤 이들은 자신들이 발견하기를 원하는 것을 얻으려고 역사를 들여다보고 있다. 그런데 만일 우리가 역사 그 자체의 언어를 가지고 역사를 바라본다면 무엇을 발견할 것인가? 그리고 역사를 정직하게 대한다면 과연 무엇을 배울 수 있을 것인가?

역사를 가장 진지하게 대하려는 노력은 우리가 역사적 상황은 다름 아닌 기독교 영성사를 해석하는 작업에 의해서 존경받아야 한다는 점을 알려 주고 있다.[7] 좀 더 간략하게 말하면, 이전 시대의 사람들은 우리와 매우 다른 상황에서 살았다는 점을 받아들여야 한다. 그리고 우리가 가진 주제를 그들의 삶과 저술 속에 집어넣으려는 것이 아니라, 그들이 오늘 우리의 상황에 관해서 이야기할 방법을 반드시 모색해야 한다.

이와 같은 노력은 짧고, 겉핥기식의 기독교 역사 조사 방식이 어떤 가치가 있는지에 질문을 던진다. 그리고 우리보다 전 시대, 그리고 다른 장소에서 살았던 사람들이 어떻게 그리스도 안에서 살았는지를 살펴보려면, 우리에게 더 많은 관심이 필요하다는 것도 제안하고 있다.

---

7) 좋은 예는, Philip Sheldrake, *Spirituality and History: Questions of Interpretation and Method*. New York: Crossroad, 1992.

기독교 영성사는 시간 속에서 진리와 통찰력이 단순하게 발전한 것이 아니라, 성령의 임재 속에서 그리스도 안에 살려고 노력하는 특정한 사람들의 노고와 때로는 불규칙한 노력에 관한 것이다. 역사 속의 영성은 후대인들이 좀 더 쉽게 영성생활을 할 수 있게 해주는 삶을 살았던 사람들의 이야기이다.

영성을 더 정직하게 보려면, 일반적인 영성이 가진 연대기적이고, 이야기적인 역사에 더 많은 비평을 가해야 한다. 이런 역사는 현재의 역사를 밝히고, 이를 정당화하는 작업의 배경이 될 만한 역사적인 자료를 찾는다. 이런 접근법에서 여러 역사적 요소는 다른 근원에 의해서 이미 정당화가 된 것을 지지해 주는 증거로 단순하게 나열될 뿐이다. 따라서 역사적인 분석 작업은 이미 잘 알려진 결론인 "이것은 언제나 이렇게 해왔어"라는 것을 조금도 바꾸어 놓지 못한다.

대부분의 영성 역사를 바라보는 시각은 복잡하고, 다양한 사건들과 인물들을 한꺼번에 작고 조그만 사진에 일렬로 정돈해 놓은 것과 같다. 이것은 현대 그리스도인에게 기독교 영성생활의 풍부하고 다양한 표현을 전반적으로 무시하는 결과를 가져왔다. 또한 기독교 신앙, 실행, 기도에 대해 이미 공인된 주류적인 접근법에 대해 도전하고, 비판하는 대안적인 목소리를 듣지 않으려는 결과도 가져왔다. 그간 기독교 영성은 영적, 문화적, 사회적인 엘리트들에 의해 지배됐다. 이러한 지배는 우리가 기독교 역사를 필연적이고, 신에 의해 예정된 진보적인 발전으로 바라보는 한 계속될 것이다.

기독교 영성 역사에 대한 올바른 현대적인 시각은 교회의 본질과 영성의 본질에 의해서, 그리고 교회와 사회의 변두리에 사는 사람들이 가진 경험의 중요성에 따라 형성되었다. 따라서 역사는 항상 어떤 직선을 따라서 발전하고, 사건들은 언제나 선을 위해 작동한다는 선입관을 접어 두어야 한다.

그리고 특정한 역사 속에 있는 승자와 패자를 동일하게 바라보아야 한다. 그리고 역사를 가볍게 읽음으로써 현재 우리가 가진 신념을 확인하여 우리 이전의 역사에서 우리가 보기 원하는 것을 보려는 유혹을 물리쳐야 한다.

그 대신 우리는 "역사의 아래쪽"에 관심을 가져야 한다. 즉 역사가 자기 말을 할 수 있도록 다른 관점을 취해야 한다.[8]

역사를 밑에서부터 보게 될 때, 우리는 다른 사람들 즉 패자들, 가난한 자들, 쫓겨난 자들, 승자에 의해 변두리로 밀려난 사람들을 보게 된다. 즉, 이것은 기독교 영성사는 대안적인 경험으로 가득 채워져 있다는 인식을 주고, 동시의 주류에서 밀려난 사람들의 목소리를 듣게 해준다.

역사 다시 보기

여기서 기독교 전통이 가진 중요한 두 가지 특징인 수도원 생활의 발전과 베긴(Beguines, 독일의 여성 평신도 운동: 역자 주)[9]과의 갈등에 대해서 살펴보는

---

[8] "역사의 아래쪽"이라는 단어는 주로 해방신학에서 사회적, 경제적, 그리고 종교 기관의 가장자리, 변두리에 있는 사람들의 우위성을 묘사하는 데 사용되었다.

[9] 나는 이것을 Philip Sheldrake의 저서 *Spirituality and History*의 2장에서 끌어왔다.

것이 도움이 될 것이다. 첫 번째의 경우, 수도원 생활은 주로 데이빗 노윌(David Knowles)이 제창한 "파코미우스(Pachomius, 292~346) 모델에서 이냐시오 모델까지"와 같이 주된 역사의 선을 따라서 발전되었다고 생각되었다. 이 시각에서 보면, 모든 수도원 생활의 표현은 이미 수도원 운동에서 나타났고, 그 후 변화하는 교회와 세계에 맞도록 접목된 하나이고, 동일한 영성적 열정의 표현이었다.

이런 역사관과 이와 유사한 역사관들은 역사는 복잡하고 다원적인 것으로 보지 않고, 단순하고, 직선적이라는 느낌을 더욱 강화한다. 이런 관점에서 수도원 생활을 보게 되면, 이것은 본질적으로 서로 연합된 공동의 수도원적 삶이 기독교 역사를 통해서 다양하게 표현된 것에 불과하다. 즉, 수도원 생활의 다양한 형태는 수도원 생활이라는 주제에 있어서 하나의 돌변인 것이다.

그러나 이런 지배적인 모델을 옆으로 제쳐두고 역사를 새로운 관점에서 보게 되면, 매우 다른 시나리오를 갖게 된다. 역사적 배경 속에 있는 수도원 생활의 기원은 우리가 알고 있는 수도원 생활과는 사뭇 다르고, 또한 그 기원도 훨씬 오래되었다는 것을 알게 된다. 원시 기독교 역사는 자발적인 동정의 삶과 시리아에서 있었던 독신 고행에 대해서 증거해 주고 있다. 이 두 헌신된 독신 생활이 오늘 우리가 부르고 있는 수도원 생활의 가장 초기의 예가 된다. 따라서 이런 새로운 시각은 수도원 생활의 기원과 발전에 대해 새로운 통찰력을 줄 뿐만 아니라, 더 이상 핵심적이지 않은 수도원적 영향과 실행의 자취에서 벗어나서, 현대 수도원 운동에 대해서 새로운 시각으로 접근하게 해준다.

중세 초에, 네덜란드와 벨기에에서 발생한 당시 유행했던 여성 독신 운동인 베긴(Beguines)을 살펴보면, 대부분 사람이 이 운동이 점차 사라진 이유가 그들이 갖고 있었던 비정통적인 신학 때문이라고 생각한다. 그러나 이런 전제를 잠시 제쳐두면 새로운 사실이 드러나게 된다. 즉, 이 헌신된 평신도 여성운동의 정체성, 즉 그 존재가 소멸한 이유는 바로 정통적이고, 공식적인 수도원 생활의 형태가 복음의 삶을 자발적이고, 자유로운 형태로 표현한 이들을 허락할 수 없었기 때문이었다. 이 운동이 정통적인지 아닌지의 문제에 대해서는 그들 가운데 홀로 공부하고, 신학적으로 명석하며, 매우 현학적인 여성들이 있었다는 증거로 답할 수 있을 것이다. 따라서 결과적으로 그들의 신학은 현대에 더 공식적인 수도원 신학으로 훈련받고, 또는 대학에서 신학을 배운 대부분의 남자 신부들에게 경고의 말을 해주고 있다.

기독교 영성의 전통을 볼 때 새로운 시각에 개방되어서 볼 수 있고, 미래의 가능성을 가지고 볼 수도 있다. 그러나 이렇게 하려면, 승자와 패자의 관점으로 바라보는 역사 발전으로, 그리고 전통적으로 역사의 이야기가 한 세대에서 다음 세대로 자연적으로 전달되는 방식에 의해서 변두리로 밀려나고, 억압받는 자들이 된 그들의 목소리와 이야기를 들을 준비가 되어 있어야 한다.

전통으로부터 미래 장식하기

비평적인 회복 작업을 통해서 기독교 전통이 가진 지혜를 발견하려는 역사 접근 방법도 몇 가지 단점으로 인해 고심하고 있다. 그래서 현대적인 역사 접근 방식에 필요한 것은 강한 자기 비평 즉, 자신의 선입관을 계속해서 재작업하겠다는 의지가 필요하다. 기독교 영성사를 바라보는 현대적인 방법은 그동안의 전통적인 접근법을 날카롭게 비판했다. 이미 언급했듯이, 이 비평 작업은 전통적인 접근법이 가지고 있던 개인주의적이고, 엘리트적이고, 영성생활에 있어 출발점이 되는 인간 경험에 많은 주의를 기울이지 않은 점들을 혹하게 비평했다. 그러나 전통적인 방법도 장점이 있다. 따라서 기독교 전통에 대한 현대적인 모든 접근법은 역사를 정직하게 해석하려 할 때 현재의 관점을 강력하게 비판하고, 우리가 가진 전제와 신념 그 밑바닥에 깔린 현재주의에 대해 의문을 제기할 것을 요구하고 있다.

역사의 풍부함을 회복한다는 시각으로 기독교 전통을 바라보는 데 도움을 주는 사람이 버나드 맥긴(Bernard McGinn)이다. 그의 관심 영역이 기독교 신비주의 전통을 제한적인 의미로 바라보는 것이긴 하지만, 그는 다소 포괄적인 기독교 영성이라는 배경에서 자신의 주장을 펼치고 있어서[10] 그의 주장은 여러 면에서 매우 유익하다.

역사를 진지하게 바라보려면, 영성생활과 신비 생활에 대해 우리가 공통으로 가진 전제들에 대해 커다란 물음표를 찍어야 한다. 예를 들면, 신비주의 전통을 바라보는 주된 범주를 사람들이 일반적으로 생각하고 있는 하

---

10) Bernard McGinn, *Foundations of Mysticism: Origins to the Fifth Century*(vol. 1 of The Presence of God: A History of Western Christian Mysticism). New York: Crossroad, 1992. 이것은 계획된 네 권의 연구서 가운데 첫 번째 것이다. 제2권은 The Growth of Mysticism: the Great through the Twelfth Century. New York: Crossroad, 1994의 제목을 가지고 출판되었다. McGinn은 신비주의를 종교의 한 부분으로, 삶의 한 과정 또는 방법으로, 그리고 하나님의 임재에 대한 직접적인 인식을 표현하려는 시도로 보고 있다.

나님과의 연합에 둘 필요가 없다. 기독교 전통에는 영성생활과 신비생활의 풍요로움을 표현하는 다양한 방법들이 존재한다. 많은 사람은 하나님과의 "연합"보다는 하나님의 "임재"가 더욱 기독교 영성 전통을 해석하는 데 적절한 규범이라고 제안한다.

이런 관점을 가지고 바라보게 되면 기독교 영성 전통은 전혀 다른 모습으로 나타난다. 즉, 영성생활, 특히 신비 체험에 대한 표현은 인간 영혼이 하나님과 더 높은 신비적인 연합을 추구하는 문제가 아니다. 도리어 이것은 우리를 향한 하나님의 임재에 참여하고, 언제나 하나님과 함께함으로써 하나님의 임재에 반응하는 문제이다. 이를 다른 말로 표현하면, 전체 영성생활을 단순하게 사랑의 임재(loving presence)로 이해할 수 있다.

이렇게 하기 위해서는 오랜 기독교 영성사를 다른 시각으로 바라보고, 하나님의 임재에 매우 다른 방법으로 응답하고, 인간의 삶과 역사, 세계와 교회 가운데에서 영적인 삶을 더 충만하게 참여한다는 시각으로 바라보아야 한다. 또한 신비주의는 어떠해야 한다든지, 어떤 저술들이 신비주의 전통에서 중요한지, 누가 신비주의자가 되어야 하는지에 대한 생각들을 전반적으로 재평가해야 한다.

"연합"이 아닌 "임재"를 선택하게 될 때, 우리는 칼 라너가 언급한 "일상생활 속에서의 신비주의"[11]처럼 많은 평범한 그리스도인이 매우 신비로 가득 찬 삶 한복판에서 살고 있는 것을 보게 된다.

---

11) 앞 장에서 본 것처럼, "Mysticism of every day life" 칼 라너가 발전시킨 것이다. 이 주제를 설명한 Harvey Egan의 "The Mysticism of Everyday Life." *Studies in Formative Spirituality* 10/1 (1989), pp. 7-26 참조하라.

기독교 영성사를 이해하는 데 있어 역사를 진지하게 취급하려고 할 때, 이것으로부터 배우는 것이 매우 적을 수도 있다. 우리는 기독교 영성 전통이 우리가 생각하는 것보다 더 광범위하고, 포괄적이라는 것을 발견할 수 있다. 참된 영성생활을 사는 방법이나, 하나님과 연합하는 방법이 한 가지만 있는 것은 결코 아니다.

기독교 영성 전통은 마치 발굴되기를 기다리고 있는 많은 광맥이 있는 산과 같다. 그동안의 영성에 대한 접근법은 같은 광맥을 계속 파는 것과 같았다. 그곳에 채취된 것은 매우 풍부했지만, 같은 종류의 풍요로움만 가져다주었다.

그러나 역사에 대한 새로운 시각 즉 현재의 입장을 증명해 주는 자료로서가 아니라, 역사를 역사 자체로써 바라보는 이 시각은 동일한 산에 아직 채취되지 않았고, 동일한 풍요로움을 가진 다양한 광맥이 있다는 것을 보여준다.

기독교 영성 전통에 대한 진지한 접근법은 우리가 과거에 대해 새로운 관점을 갖게 해주고, 과거에는 안식처와 같은 것이 없다는 것을 말해준다. 그러나 아직도 현대 "전통주의자들"의 목소리는 강력하게 과거로, 과거의 종교가 가진 미덕으로 돌아가자고 주장하고 있지만, 교회의 황금시대와 옛날의 그 순수한 영성으로 되돌아갈 수는 없다. 황금시대와 기독교 영성의 처녀 시대는 결코 없었다. 그리고 오늘의 세상에서 기독교 영성생활을 하는 데 대한 분명한 청사진이 있는 것도 아니다.

프란치스코와 클라라, 메히틸트, 게르트루드, 알퐁소 리구오리, 샹달의 쟌 프란시스, 코넬리아 코넬리, 장 바니에(Jan Vanier)와 같이 매 시대 속에 살았던 사람들은 성령의 임재와 능력으로 그리스도인의 풍성한 삶을 사는 적절한 방법을 추구했다. 여기에는 오직 한 가지 방법만이 존재하지 않는다. 오직 한 길이신 예수 그리스도 안에 여러 가지 방법들이 존재한다. 성령은 서로 다른 문화와 서로 다른 시대 속에 역사하심으로 이 세상에서 서로 다른 이해 방식과 존재 방식으로 그리스도인의 삶을 적절하게 표현할 것을 요구하고 있다. 이 동일한 성령이 역사의 각 시대가 가진 사건들과 희망, 고통과 약속 안에서 역사하고 있다.

성 프란치스코와 성 도미니크는 그리스도에 대한 매우 다른 이해를 하고 있었고, 이로 인해 그들은 자신들의 시대에 적합한 괄목할 만한 두드러진 영성들을 만들어낸 것이다. 이냐시오 로욜라도 그들과 마찬가지로 자신의 시대와 장소에 적합하도록 그리스도를 다르게 이해했다. 관상과 행동을 통합하려고 했던 리주의 성녀 소화 테레사(Therese of Lisieux)의 방법은 직접 사도적인 봉사를 통해서 관상을 추구하려고 했던 예수회 사람들과 달랐고, 가난하고 병들고 소외된 자들의 상심과 수난당하고 부활하신 그리스도의 상처 속에서 관상을 추구하려고 했던 프란치스코 수도회와도 달랐다.

그리스도인들은 다른 시대와 장소에서 자신들의 은사를 사용하도록 서로 다른 공동체를 발전시켰다. 따라서 기독교 역사 속에는 공동체 생활이 매우 강한 위대한 수도 공동체들이 많았다. 그리고 교회를 위한 봉사에 남녀가 함께 동역자로서 일하는 사도적인 공동체도 있다. 그리고 은둔생활이나 서로 다른 독신 생활을 하면서도 인간과 교회 공동체를 섬기는 일에 자신의 은사를 사용한다는 강한 의식을 가진 사람들도 있다.

역사마다 과거의 방식을 그대로 모방하는 것을 피하고, 그리스도의 성품으로 변화되고, 하나님과 타인들과 연합하는 새로운 방식을 추구하려는 노력이 있었다. 역사에 대한 진지한 관점은 사람들이 이 일을 할 수 있는 다양한 방식에 대해서 통찰력을 준다.

시대마다 그리스도인들은 자신들의 시대에서 그리스도 안에서의 충만한 삶을 사는 데 도움이 되는 통찰력을 발견하기 위해서 기독교 전통과 초기 기독교 공동체에 주의를 돌려야 한다. 우리가 그리스도의 말씀과 행동을 기억하도록 하는 것이 바로 성령의 본질이다. 그러나 우리로 길을 만들도록, 어떤 때는 우리 앞에 전혀 없었던 길을 만들라고 강권하시는 것이 성령의 역사이기도 하다. 그리고 교회 역사 가운데 전혀 분명한 선례를 찾아볼 수 없는 새로운 영성생활의 표현을 만들어내게 하는 것도 성령의 역사이다.

이것은 우리가 영성 전통에 있어서 위대한 영성 인물이 표현했던 성령 안에서의 삶이 당시 주도권 세력에 의해 쉽게 이해되지 못하고, 교회와 사회의 중심부에 있던 사람에게 철저하게 받아들이지도 못한 경우를 보았기 때문이다.

만일 우리가 보나벤투라나 둔스 스코투스, 그 밖의 중세 시대의 별로 유명하지 않은 사람에게 초점을 맞추는 것이 아니라, 토마스 아퀴나스에게 초점을 맞춘다면, 풍성한 영성생활에 대한 우리의 이해는 왜곡되기 시작한다. 성 프란치스코를 당시 남자들과 동일한 방식으로 복음의 삶을 살려고 한 것이 교회의 금지로 인해 그렇게 하지 못한 아씨시의 클라라(Clare)와 그의 자매들을 옆에 두고 이해하게 되면 성 프란치스코와 프란치스코 수도원 운동에 대한 이해는 부족하게 된다. 클라라의 영적인 유산이 프란치스코 수도회의 주변에서 중심으로 그 위치가 이동한 것은 최근의 일이다. 이렇게 클라라의 위치가 주변에서 중심으로 이동되면서 영성에 대한 새로운 이해와 표현이 성 프란치스코와 클라라의 후계자들 사이에서 나타나기 시작했다.

기독교 역사의 주변으로 밀려난 많은 사람이 역사에서 잊히고 간과되었던 사람들로부터 중요하게 배울 것이 있다고 믿는 사람에 의해 다시 제자리로 돌아오게 되었다. 기독교 전통 속에는 역사에 우뚝 솟은 유명한 인물들이 있을 뿐만 아니라, 조명도 제대로 받지 못하고 자신들의 길을 걸어간 사람들도 많다. 또한 기독교 영성 역사의 한 페이지를 장식한 신부, 주교, 수도사, 수녀들이 있고, 또한 성사적 결혼의 교제 속에서 살다 간 사람들도 있다. 그렇다면 결혼의 영성에 대한 흔적—결혼을 성사로 높이 칭송하였지만 실제로는 시간이 걸렸고, 수도자로서 헌신하는 것이 그리스도인의 삶에 있어서 더 우월한 삶이라고 여겨졌던—을 기독교 역사 어디에서 찾을 수 있고, 또한 그것을 어떻게 수집할 수 있을 것인가? 독신으로서 하나님을 추구했던 사람들의 전승을 어디에서 구할 것인가? 역사 속에서 그리스도인의 삶의 풍성함을 사는 데 고난을 겪었던 이 세상에 있는 독신자들에 대해서 잘 모르면서, 오늘날 독신을 선택한 많은 사람을 위해 어떻게 독신 생활의 영성을 주장할 것인가? 기독교 역사의 조명 뒤에 잘 알려지지 않고 기대하지 않았던 곳을 찾으려고 한다면, 역사 속에 있는 정신적, 육체적 장애인, 문화적, 인종적 소수자들, 동성애자들의 영성에 대해 우리가 무엇을 알 수 있을 것인가? 우리가 그렇게 하는 이유는 그들에게 친절을 베풀려는 것도 아니고, 그동안 무시되어 왔던 사람에게 태양 빛 아래에서 그들의 날을 주기 위함도 아니다. 우리가 그리스도인이 되고, 그리스도인이 되어 가는 과제를 실천함에 있어서 중요한 것은 기독교 복음이 선포되고 발전되는 과정에서 숨겨지고 침묵을 지켰던 사람들로부터 배운다는 것이다.

오늘날 우리는 중심적인 기독교 전통에서 별로 중요한 것이 아니라고 판단되어서 그동안 들리지 않고 보이지 않았던 사람들의 목소리를 더욱 주의 깊게 경청해야 한다. 전통의 주변과 틈새에 끼어 있는 사람들은 성령의 임재와 능력 안에서 그리스도 안에서의 풍성한 삶을 사는 것은 종교적인 엘리트들을 위한 것이 아니라고 주장하고 있다.

  기독교 영성은 그리스도인의 생활의 한 차원이 아니라, 그리스도인의 삶 자체이다. 또한 기독교 영성은 교회 안에 있는 여러 영적이거나 종교적인 사람들을 위한 것이 아니라, 세례를 통해 그리스도의 몸을 이룬 모든 사람을 위한 것이다. 우리는 기독교 영성 전통의 변두리에 있으면서 풍성한 그리스도인의 삶을 추구하는 사람들 덕분에 그리스도를 따르는 다양한 길이 있다는 희망을 품게 되었다. 기독교 전통 속에 영적인 지혜의 보고로 풍부해진 우리가 해야 할 것은 전 시대에 행했던 생활 양식이나 경건의 훈련을 그대로 반복하는 것이 아니고, 앞서 살았던 사람들의 삶을 똑같이 모방하는 것도 아니다. 그 대신 현시대에서 그리스도의 성품으로 변화되고, 하나님과 타인과의 교제 속에 연합하면서 그리스도를 따라가는 것이다. 그리고 길 되신 그리스도의 영의 임재와 능력을 통해 전혀 길이 없다는 생각이 들어도 그곳에 새로운 길을 만들어 나아가는 것이다.

결론

  이 장에서는 우리가 살고 있는 이 세상이 매우 불안정하여서 기독교 전통에 대해 많은 관심이 생기고 있다고 주장했다. 매우 단순화하는 위험이 있지만, 과거의 전통을 향해 가고 있는 사람들은 전혀 다른 두 방향으로 가고 있다고 말할 수 있다. 첫째는 우리 시대의 불확실성과 방향 상실로 인해 안식처의 근원을 찾으려는 것이고, 둘째는, 사랑의 힘이 악을 이긴다는 미래의 시각을 가지고 오늘의 세상에서 살아가는 데 필요한 과거의 풍요로움을 회복하려는 시도이다.

기독교 전통에 대한 폭넓은 관심은 부분적으로 영성 역사의 한 부분이나 다른 부분을 다루고 있는 광범위한 출판물을 통해 볼 수 있다. 역사와 전통에 접근하는 가장 도움이 되는 방법은 똑같은 통찰력을 계속해서 전달해 준다든지, 이미 진리로 알고 있는 것을 확인하기 위해 역사를 바라보는 것이 아니다. 도리어 인물과 운동과 저술을 그 당시의 상황에서 이해하려는 즉, 역사를 진지하게 취급하려는 것이다. 이러한 접근법은 만일 우리가 역사를 단순하고, 작고, 유기체적이고, 직선적인 발전을 한다고 보면, 역사를 바라보는 우리의 시각이 근시적임을 알려준다. 그러나 역사는 더 산발적이고 이야기적이고 무작위적이다. 따라서 우리는 예기치 못했던 장소에서 단서를 찾아야 하고, 처음에는 중요하지 않다고 여겼던 것에 참여하고, 처음에는 이해할 수 없다고 생각되었던 소리에 귀를 기울여야 한다. 그때 우리가 발견하는 것은 전통의 가장자리에 있던 사람들, 승리자에 의해, 승리자에 대해, 그리고 승리자를 위해 쓰인 역사 그 가장자리로 밀려난 사람들이 우리가 나아갈 길을 보여준다는 점이다.

기독교 영성 전통의 미래는 제2차 바티칸 공의회의 통찰력에 의해서 많이 형성되었다. 다음 장에서는 핵심적인 최근 가톨릭의 신학적 원리를 현대 기독교 영성의 발전을 인도하는 비전의 핵심으로서 살펴보려고 한다.

제4장

가톨릭 영성의 신학적 방향

제1장에서는 영성에 대한 흥미가 오늘날 폭발적으로 증가하게 한 현대문화의 몇 가지 요소와 최근 현대사에 일어난 몇 가지 사건들에 초점을 맞추었다. 이런 요소는 기독교 영성에 관한 관심을 증가시키는 데 있어서 당연한 것이었다. 그러나 이제 이와 더불어 제2차 바티칸 공의회에 초점을 두어야 한다.

제2차 바티칸 공의회는 교황 요한 23세에 의해 소집된 로마 가톨릭 지도자들의 모임으로서, 현시대의 긴급한 요구들과 급박한 필요성을 염두에 두면서 교회 안과 세상에서 기독교인의 삶이 무엇인지에 대해 진지하게 논의하기 위한 것이다. 이 공의회에서는 거룩함을 향한 보편적인 부르심, 하나님의 말씀인 성경에 대한 중요성, 성례전의 중심성, 교회와 세상과의 관계에 대한 새로운 이해 등에 강조점을 두었다. 더 나아가서 그리스도인의 삶과 실행에 대한 새로운 이해를 제공해 주었다. 그러나 공의회가 보여준 이런 새로움은 이미 오래전부터 있었던 것이었고, 공의회는 단지 현시대의 변화를 자극하고, 이에 반응한 것뿐이라고 반박하는 사람들도 있다. 공의회 이후에 생겨난 영성에서의 새로움은 가톨릭교회를 넘어서고 있고, 공의회가 보인 근본적인 노선과 신앙의 상당 부분은 현대 기독교 영성을 지지해 주고 있다.

거룩한 백성

세례를 받은 모든 사람은 그들이 처한 상황과 삶의 형편이 어떠하든지 하나의 동일한 거룩함으로 부르심을 받았다.[12] 이 거룩함은 세례의 은총에 뿌리를 둔 것이고, 그 절정은 그리스도인의 삶과 제자 공동체인 교회, 그리고 세상 속에 나타난 자비의 풍성함에 있다. 또한 이 거룩함의 열매는 현 세상과 앞으로 도래할 세상에 대한 하나님의 의도 즉, 예수가 선포하고, 자신의 목숨을 바쳤던 하나님의 나라를 간직하고 있는 개인과 기독교 공동체들 가운데서 발견된다.

세례받은 자는 모두 그리스도 안에 있는 풍성한 생명으로 부르심을 받았다는 고백은 교회 생활에 중대한 결과를 가져왔다. 생명의 길을 걷는 모든 사람이 이제 영성에 관심을 두게 되었다. 영성 단체나 영성 관련 강좌에 등록한 평신도, 수도사, 목회자, 종교적인 사람들은 대부분 영성 지도를 받고 있고, 바쁜 삶 속에서 기도의 시간을 가지려고 하고, 매년 개인 피정을 가지며, 일상생활에서 관상적인 차원을 발견하려고 한다. 요즘에는 다양한 형태와 여러 형태의 기도에 관한 관심이 사람들 사이에 널리 퍼져 있다. 그리스도인의 삶의 풍성함을 달성하기 위해서 독신과 (수도사가 되기 위한) 서원을 강조했던 과거의 접근법을 교정하기 위해서 기독교 영성에 대한 다양한 접근법 등을 개발하려고 노력하고 있다. 이 때의 기독교 영성은 교회와 세상 속에 있는 평신도들이 겪고 있는 다양한 신앙 경험에 초점을 맞춘 것이다.

---

12) "Dogmatic Constitution on the Church," *Lumen Gentium*, Chapter 5.

예를 들면, 예수회 영성의 많은 핵심 사항이 로욜라가 사제 서품을 받기 전, 예수회를 설립하기 전에 계발했다는 사실은 모든 사람이 알고 있다. 이런 영적인 유산을 나누는 데는 근본적으로 현재의 영성이 변화되어야 한다. 이는 여러 사도직에서 예수회 신부와 평신도 사이의 협력, 여성과 남성 사이의 진정한 협력을 가능하게 한다. 과거에는 사도직을 단지 자신의 과업을 평신도들의 도움을 받고 하는 "신부들"의 부리는 손 정도로 생각해 왔었다.

이와 유사하게, 수도원 운동도 그 뿌리에 있어서는 평신도 운동이었음을 기억하는 것이 좋다. 수도원 운동은 본래 기독교적 삶을 사는 성직자 중심적이고, 모범적인 형태의 삶은 아니었다. 예수회 영성과 수도원 영성이 매우 성직자 중심으로 변해왔지만, 초기에는 그렇지 않았다. 이러한 사실은 이들 영성이 미래에는 다른 가능성을 두게 될 것을 암시해 준다.

이 두 영성이 가진 통찰력을 평신도들의 삶에 적용하려는 초기 노력은 "조금씩 스미는" 전략이었다. 다시 말해서, 예수회나 수도원적 삶 가운데서 어떤 원리를 도출해서, 이것을 세상의 서로 다른 상황 속에 살고 있는 평신도들에게 적용하는 방식이었다.[1] 그러나 오늘날 특정한 수도자들과 성직자들의 영성, 그리고 수도원 영성을 바라보는 관점은 의식적으로 이런 어원을 사용하는 영성 모델을 회피하려고 한다.

제2차 바티칸 공의회 이후 교회는 공의회에서 선포한 '거룩함으로의 보

---

[1] 수도원적 영성에 대해 "조금씩 스며드는" 방식의 위험을 피하려고 하는 것에 대해서는 Joan Chittister의 *Wisdom Distilled from the Daily: Living the Rule of Saint Benedict Today*. San Francisco: Harper, 1991을 보라.

편적인 부르심'이라는 사상에 바탕을 둔 영성을 계발하려고 계속적인 노력을 기울여 왔다. 이런 노력은 세례의 은총과 기독교인의 삶에 있어서 복음서가 갖는 중심성에 초점을 맞춘 진정한 평신도 영성이었다. 그리고 거룩함은 일상적 삶에서 일어나는 평범한 사건들과 비일상적인 사건을 포괄하는 은총(gift)과 책무(task)라는 사실에 바탕을 둔 평신도 영성이었다. 세례를 받은 모든 사람은 성령 안에서 누리는 풍성한 삶으로 부름을 받은 것이다. 일반 그리스도인들의 영성생활의 표현은 성직자나 수도자에게나 적합한 성숙한 영성의 패러다임을 가지고 그것들과 단순히 비교하고, 확장하는 방식으로 이해되고, 설명될 수 없다.

또한 현대에는 사람들의 삶에서 겪는 여러 도전에 맞추어 다양한 영성이 출현하고 있다. 여기서는 몇 가지 예들만 대략 다루려고 한다. 위기 상황, 중년에 겪는 여러 도전, 노년이 되어 가는 과정 등을 다루는 영성이 있고, 자발적으로 독신을 선택한 사람들, 환경에 밀려 독신이 된 자들, 그리고 사고로 인해 독신이 된 사람들을 다루는 영성도 있다. 또한 결혼, 가정, 별거, 이혼, 재혼의 경험에서 출발하는 영성도 있다. 더 나아가서 타 교단 사람과 결혼했을 때 발생하는 경험을 다루는 독특한 영성도 있고, 말기 환자들의 경험적 시각을 가지고 영성을 논의하는 것도 있다. 이와 같은 다양한 종류의 영성들이 존재하는 이유는 다음의 두 가지 신념 즉, 모든 신자는 하나의 동일한 거룩함을 위해 부름을 받았다는 것과 그들의 사는 방식이나 삶의 상태가 어떠하든지 영적인 성장 과정과 발달 단계에서 그들은 서로 비슷한

삶의 도전과 요구를 겪게 된다는 것에 근거하고 있다.[2]

　현대 영성의 희망적인 발전 사항 중 하나는 수도자들의 삶과 성직자들에 대한 이해에 관심을 두게 된 점이다. 다양한 수도원적 삶의 형태를 다룸에 있어서 강조점은 세례 때 주어지고, 신앙의 공동체인 교회와 성례전적 예배에서 더욱 확실하게 나타나는 은총을 통해 얻게 되는 소명에 있었다. 그러나 수도적인 삶이 세례를 통해서 모든 신자가 살아가야 할 복음적인 삶과 무엇이 다르고, 수도적 삶의 특성이 무엇인지는 별로 강조하지 않는다. 그러나 수도적 삶은 세례 때 받은 은총을 표현하는 하나의 방편이고, 모든 교회는 세상 속에서, 세상을 향해 표징(sign)이 되고, 공동체적인 복음을 증언하도록 부름을 받았다는 점을 더욱 강조하고 있다.[3]

---

2) 다양한 영성적 삶을 형성하는 여러 가지 삶의 예는 다음과 같은 것들이 포함된다. 중년: Janice Brewi and Anne Brennan, *Mid-Life: Psychological and Spiritual Perspectives*. New York: Crossroad, 1982; 노년: Eugene C. Bianchi, *Aging as a Spiritual Journey*. New York: Crossroad, 1982; Kathleen Fischer, *Winter Grace*, New York: Paulist 1985; 독신: Susan A. Muto, *Celebrating the Single Life: A Spirituality for Single Person for Today's World*. 1985; reprint, New York: Crossroad, 1989; David M. Thomas, *Christian Marriage: A Journey Together*. Wilmington, DE: Michael Glazier 1983; William Roberts, ed., *Commitment to Partnership: Explorations of the Theology of Marriage*. Mahwah, NJ: Paulist, 1987; Michael G, Lawler, *Marriage and Sacrament: A Theology of Christian Marriage*. Collegeville, MN: Liturgical Press, 1993; Patrick McCormic, "Divorce(and Remarriage)" in *The New Dictionary of Catholic Spirituality*. Michael Downey, ed. Collegeville, MN: Liturgical Press, 1993, p.286; Illness: John Carmody,*Cancer and Faith, Mystic*, CT: Twenty-Third Publications, 1994.

3) 다음의 예를 보라. Sandra M. Schneiders, *New Wineskins: Reimagining*

성직자들의 영성을 논의함에 있어서도 안수받은 성직자들의 사역은 은혜와 세례 공동체의 삶에 뿌리를 두고 있고, 그 사역이 최고로 실행되는 것은 안수받은 성직자들과 평신도들이 함께 협력할 때 이루어진다. 이것은 종으로 오신 그리스도의 사역에서 그 모델을 찾아볼 수 있다.[4]

모든 진정한 그리스도인의 삶의 형태 한 가운데에서 발견되는 성령의 임재에 대한 깨달음은 다양한 삶을 경험하고 있는 사람들을 위해 여러 가지 기도 방법들을 개발할 것을 요구하고 있다. 그래서 오늘날의 기독교 영성은 하나님께 감사와 찬양을 돌리는 긍정적인 삶의 경험과 반대로 침묵, 슬픔, 애통으로 반응해야 할 부정적인 경험을 포함한 삶의 모든 경험에서 기도해야 할 필요성을 강조하고 있다.

오늘날 영성이 번창하고 있는 것은 세례받은 각각의 그리스도인이 성령의 능력 가운데 그리스도인의 삶을 풍성하게 살아야 한다는 도전에 응답했기 때문이다. 분명한 것은 제2차 공의회 이후의 영성은 다름 아닌 평신도

Religious Life Today. Mahwah, NJ: Paulist, 1986; Schneiders, Beyond Patching. Mahwah, NJ: Paulist, 1991; Mary Jo Leddv, *Reweaving Religious Life. Mystic*, CT: Twenty-Third Publications, 1990; Diarmuid O'Murchu, *Religious Lift: A Prophetic Vision*. Notre Dame, IN: Ave Maria Press, 1991.

4) See, for example, Thomas O'Meara, *Theology of Ministry*. New York: Paulist, 1983; Edward Schillebeeckx, *The Church with a Human Face: A New and Expanded Theology of Ministry*. New York: Crossroad, 1985; Richard McBrien, *Ministry: A Theological Pastoral Hanbook*. San Francisco: Harper, 1988; Thomas Rausch, *Priesthood Today: An Appraisal*. Mahwah, NJ: Paulist, 1992; Donald Goergen, ed., *Being a Priest Today*. Collegeville, MN: Liturgical Press, 1992.

영성이라는 점이다.⁵⁾ 어떠한 영성을 살펴보든지, 성령의 능력에 의한 그리스도 속에 있는 생명은 세상 안과 세상을 향해서 그리스도의 몸을 형성하고 있는 하나님의 백성들에게 주어졌다는 것에 모두 동의하고 있다. 그래서 다양한 영성들은 이 그리스도인들의 신비가 밖으로 표현된 것이고, 이 신비에 더 충만히 참여하도록 다른 사람들을 초대하는 정도로 더욱 확대되어갈 것이다. 이런 것을 언급하면서, 제2차 공의회 직후 이런 개혁과 부흥에 대해서 부정적인 반응이 공의회에 의해서 일어났다는 것을 깨달아야 한다. 현재까지도 공의회는 거룩함을 향한 보편적인 부르심을 실질적으로 적용하는 면에 있어서 매우 강하게 머뭇거리고 있고, 자신이 경작한 것을 의식하지 못한 채 추수할 날이 올 것이다.

성경의 중요성

제2차 바티칸 공의회가 그리스도인의 영성과 삶에 있어서 성경이 중심이라는 사실을 강조하고 있어서 현대 기독교 영성에 있어서는 성경의 역할에 더 많은 관심이 집중됐다.⁶⁾ 현대 영성의 여러 경향을 "거룩함을 향한 보

---

5) 평신도 영성을 개발하기 위한 몇몇 성공적인 노력은 다음의 것을 포함한다. Leonard Doohan, *The Lay-Centered Church*. Minneapolis: Winston, 1984; Elizabeth Dreyer, *Earth Crammed with Heaven*. Mahwah, NJ: Paulist, 1994; James and Evelyn Eaton Whitehead, *The Emerging Laity*. Garden City, NY: Doubledav, 1986; Edward Sellner, *Lay Spirituality in The New Dictionary of Catholic Spirituality*, pp. 589-596.

6) 계시된 말씀의 핵심성에 대해서는 "Dogmatic Constitution on Divine

편적인 부르심"이라는 관점에서 고찰해 볼 때 그것들을 적절하게 이해할 수 있듯이, 현대 영성도 하나님의 말씀인 성경이 영성에서 차지하고 있는 중심적인 역할이라는 관점에서 바라볼 때 바르게 이해된다.

현대 영성은 성경적 영성이다. 기독교 영성에 있어서 가장 근본적인 것이 하나님의 말씀임을 강조하고 있는 책들, 논문들, 에세이들의 숫자가 얼마나 되는지 확인하는 것은 불가능하다. 오늘날 교회에 있는 신자는 하나님의 말씀에 "굶주려 있다." 이런 현상은 많은 사람이 성경 공부에 참석하고, 성경 본문에 근거한 설교와 평신도들이 어떻게 신앙적 삶을 살아야 하는지에 대한 설교를 들으려는 열망으로 나타나고 있다.

개신교도들의 관점에서 생각해 보면, 가톨릭이나 다른 교단 사람들이 해온 성경 연구는 기독교 영성에 엄청난 영향을 주어왔다. 성경적인 영성에 대한 열망은 예배 시간은 물론이고 더 광범위한 교회의 성례전적 차원에서 하나님의 말씀이 더 효과적으로 전달되고, 그런 설교를 듣고자 하는 요구로 표현되고 있다. 또한 몇 페이지의 성경을 읽고, 하루에 어느 정도의 시간을 투자하든지, 매일 성경을 읽고 묵상하는 경건의 시간을 가지려는 것도 모두 이런 열망을 보여주는 것이다. 다시 말하면, 현대 영성에 있어서 성경의 중심성은 하나님의 말씀인 성경이 교회의 공식적인 예배는 물론이고, 신자들의 사적이고 개인적인 기도 생활을 붙잡고 있다는 점에서 발견할 수 있다.

Revelation," *Dei Verbum* 전체에서 강조되었다. 공의회의 문서 가운데 유일하게 이것을 강조하고 있는 것은 "Dogmatic Constitution on the Church," *Lumen Gentium*.

어떤 이들에게는 이런 성경적 영성이 현대 영성에 있어서 그리 중요한 발전으로 여겨지지 않을 수 있다. 그러나 이 성경적 영성의 중요성은 기존의 영성생활에 대한 접근법을 살펴보면 확연히 알게 된다. 과거에는 성경이 단지 미약한 역할만을 했다. 즉 미사에 있어서 성경은 별로 중요치 않은 역할을 하는 정도로 격하되었고, 설교도 서신서나 복음서를 간접적으로 인용하는 정도였다. 그리고 미사 때 성경이 라틴어로 봉독되었기 때문에 성도들이 그 뜻을 이해할 수 없었으므로 성경이 하나님의 살아 있는 말씀이라고 받아들이기는 더욱 어려웠다. 옛날의 가톨릭 학교에 다니는 아이들은 아담과 이브, 노아와 방주, 나오미와 룻, 에스더, 다윗 왕 등을 종교 서적을 통해 알고 있었지만, 성경을 읽으라고 독려받지는 못했다. 그들은 성경을 읽는 대신 리식스의 테레스, 타르시우스, 루시, 아그네스, 알로이시우스, 곤자가, 도미닉, 새비오 등과 같은 젊은이들에게 귀감이 되는 성인 전기를 읽으라고 권장했다.

그러나 이와 대조적으로 현대 그리스도인들은 충분한 양의 성경을 읽지 못하고 있는 것 같다. 어떤 이들에게는 성경을 읽는 것이 참된 영성을 판가름하는 시금석이 된다. 하나님의 말씀에 대한 이런 깊은 굶주림에는 하나님 말씀의 임재와 능력을 갖추고 오늘의 세계에서 그리스도인의 책임을 감당하고자 하는 열망이 자리 잡고 있다.

성경은 핵무기에 대해서 뭐라고 하는가? 피임에 대해서는? 낙태, 동성애, 여성 안수, 일반적 안수, 이혼, 재혼, 선한 사람이 받는 고난에 대해서 무엇이라고 말하는가? 그러나 주의할 것이 있다. 오늘날 교회와 세계에서 우리가 겪고 있는 많은 복잡한 문제에 대해서 성경은 미리 준비된 해답을 주지 않는다는 사실이다. 우리가 직면하고 있는 특정한 어려운 문제에 대해서

제4장 가톨릭 영성의 신학적 방향 109

단순히 이에 상응하는 성경 구절을 찾는 것과 같은 성격의 것이 아니다. 도리어 성경을 하나님의 살아 있는 말씀으로 의지하고, 믿음과 예배 공동체인 교회에서 성경이 읽히고, 선포되고, 듣는 중에 역사하시는 성령의 임재에 참여하는 문제이다. 기록된 말씀이 살아있고, 참된 하나님의 말씀이 되도록 우리로 성경의 의미와 뜻을 수용-재수용, 해석-재해석, 역사-재역사하게 만드는 분이 성령이다. 쉽게 말해서, 현대 그리스도인들의 과업은 성경이 이야기하고 있는 방향성과 직관, 전술 등을 분별해서 우리의 관념, 동기, 정체성 등이 모두 하나님의 말씀으로 변화되는 것이다.

예배 공동체

제2차 바티칸 공의회의 신학적 방향성이 갖는 또 다른 중요성은 그리스도인의 삶에 있어서 성례전, 특히 성만찬의 중요성에 관해 관심을 두게 된 점이다.[7] 공의회의 관점에서 볼 때, 성만찬이 그리스도인의 삶의 자원이요, 삶의 최고봉으로 이해되었기 때문에 영성은 이 핵심적인 선언으로 형성되었다.

기독교 영성생활에 있어서 예배의 형성적 역할(formative role)에 엄청난 관심이 집중되고 있고, 점점 많은 관심이 교회의 예배를 통해 형성되는 영성에 관해 설명할 필요성에 두게 되었다. 그리스도인에게 있어서 예배가 매우 중요한 기도의 형태라는 점에 대해서는 많은 사람이 동의하고 있다. 성

---

7) 특히 Constition on the Sacred Liturgy, *Sacrosanctum Concilium*, nos. 1 and 10.

례전, 특히 성찬식은 교회가 함께 모여서, 그 속에서 그리스도의 몸으로 기독교 공동체의 정체성을 표현하고 자각하는 기도와 같은 것이다. 오늘날 교회에서 많은 사람이 공유하고 있는 관심 사항은 그리스도인의 기도와 영적인 삶은 교회의 예배에 뿌리를 두지 않으면 어려움을 겪는다는 것으로 표현할 수 있다.

기독교 영성에 대한 대부분의 현대적 이해는 모든 영성은 성례전에 의해 형성되어야 할 필요가 있다는 전제에서 시작한다.[8] 공의회 이후의 관점에서 보면, 이 주제에 대해 논쟁할 여지는 그리 많지 않다. 오늘의 기독교 영성은 공동체적 예배, 공동 기도와 찬양, 말씀과 성례전에 의해 형성되었다. 그 결과 깊은 영성적 삶을 살려는 사람은 예배와 영성이 어떻게 관계되는지에 관하여 계속 고민해야 한다. 즉, 교회 안에서 일어나는 것과 일상생활에서 일어나는 것을 어떻게 연결할 수 있는가 하는 문제이다. 예배가 현실 생활에서 겪게 되는 여러 가지 문제들인 성, 정치적 책임, 경제적 평등, 자녀 양육, 일로 인한 과로, 질병, 실업 등과 어떻게 관련되는가? 많은 사람은 성례전과 일상적 삶, 예배와 직장, 성만찬과 영성 사이에 중요한 연관성이 있다는 것을 인식하고 있다.

결국, 성례전적 예배는 그리스도인의 삶의 윤리적 차원을 표현한 것이다.[9] 신자는 예배에서 세계가 어떻게 되어야 하고, 인간이 교회와 세상에

---

8) 이러한 접근 방식의 예는, Kevin W. Irwin, *Liturgy, Prayer, and Spirituality.* New York: Paulist, 1984; Shawn Madigan, *Spirituality. Rooted in Liturgy.* Washington, DC: Pastoral Press, 1989.를 참조하라.

9) 성례전과 윤리에 사이의 연계성을 보이기 위한 노력은 Timothy F. Sedgwick, *Sacramental Ethics: Paschal Identity and the Christian Life.*

서 어떻게 행동해야 하는지 등 자신들의 희망을 표현한다. 예배에 대한 이러한 접근법에서 볼 때, 성만찬은 기독교 윤리의 심장 부분과 영혼 부분을 세우는 것이다.

예배에서 그리스도인들은 평등과 정의에 기초한 세상을 건설하는 데 자신을 헌신한다. 결과적으로, 더 정의로운 세상을 건설하는 데 있어 예배를 어떻게 적용할 것인가 하는 것을 강조하는 것에 더 많은 관심을 두게 되었고, 성만찬에서 진설되는 거룩하고 신성한 음식이 세계의 기아 문제를 어떻게 다룰 수 있을 것인지 등에 관심을 두게 되었다.[10] 우리는 이런 모든 접근법에서 일상적인 삶을 진지하게 다루려는 그리스도인들의 깊은 열망을 보게 된다.

성만찬이 감사의 행위이기 때문에 오늘의 기독교 영성이 감사의 영을 그 특징으로 해야 한다는 것은 복잡한 문제에 대해 너무 간단한 해결책을 주는 것과 같다. 그리고 새롭게 개정된 예배 형태가 하나님의 말씀을 강조하고 있으므로 모든 기독교 영성은 하나님의 말씀에 초점을 맞추리라는 것도 마찬가지이다.

예배와 일상적 삶을 통합하는 과업이 성령께 응답하는 행위로서 매우 복

Minneapolis: Augsburg/Fortress, 1987; Michael Downey, *Clothed in Christ: The Sacraments and Christian Living.* New York: Crossroad. 1987; James L. Empereur, *The Liturgy That Does Justice: A New Approach to Liturgical Praxis*. Collegeville, MN: Liturgical Press Michael Glazier, 1990를 참조하라.

10) 예를 들어 Monika K. Hellwig, *The Eucharist and the Hunger of the World*. 2nd ed. Kansas City, MO: Sheed and Ward, 1992.를 보라.

잡한 것임을 많은 사람이 동감하고 있다. 성령 안에서 사는 그리스도인의 삶은 예배가 그리스도인의 삶에 있어서 형성적 역할(formative role)을 하고, 역으로 개인과 공동체의 영성이 예배를 형성하는 것도 요구하고 있다. 그동안 영성생활에 있어서 예배와 삶이 서로 영향을 주고받는 것이라는 이해가 있었다. 예배와 영성이 상호 영향을 주면서 형성된다는 말이다.

사람들은 자기 경험을 나누기 위해 이것들을 교회에 가져오고, 교회의 공적인 예배에서 그들의 경험이 반영되기를 바란다고 말할 수 있다. 이것은 특별히 교회의 여성, 유색 인종, 정신적, 육체적 장애자들, 소수 민족, 주변 인물들의 경험에 있어서는 더욱 그러하다.[11]

사람들은 자신들의 풍부한 경험을 예배에 가져오고, 예배 가운데서는 그들의 풍부한 다양성이 인식되고, 명명되고, 예배의 형식 가운데 어떤 형태로든 표현되어야 한다고 생각하고 있다. 예배가 영성을 형성하고, 영성이 예배를 형성한다는 인식을 갖게 되면, 영성의 다양성을 발견할 가능성이 더 커진다. 즉, 하나의 예배 영성이나 어떤 특정한 예배 영성만이 존재하는 것이 아니다. 따라서 하나가 아닌, 다양한 예배의 표현을 개발하는 것이 필요하다. 이렇게 생각할 때, 역동적인 상호 작용과 성령의 인도함 가운데 변화에 열려 있게 되고, 미래의 다양한 가능성 등을 소유하게 된다.

이것을 더 쉽게 이야기하면 다음과 같다. 이 시대를 살고 있는 대다수 신

---

11) 예로서 Marjorie Proctor-Smith, *In Her Own Rite: Constructing Feminist Liturgical Tradition*. Nashville: Abingdon, 1990; Edward Foley, ed., *Developmental Disabilities and Sacramental Access*. Collegeville. MN: Liturgical Press, 1994.

자는 성례전 특히 성만찬이 기독교 영성생활에 있어 필수적인 것으로 믿고 있다. 그러나 온전하고, 적극적이고, 활동적인 참여를 하도록 초대받은 예배에서 단지 몇몇 소수의 신자만이 역동적인 성례전을 경험하고 있다.[12] 공의회의 신학적 방향이 실행에 옮겨지려면, 그리스도인이 실천하고 있는 매우 다양한 영성에 대해 더 폭넓은 이해가 있어야 하고, 다양한 영성들 특히 한계인들의 영성이 예배의 형태를 바꾸어 놓는 것을 허락해야 한다.

영성의 다양성이 표현되는 방법의 하나는 공의회 이후 미국에서 어느 정도 감소해 온 대중적인 무속 신앙을 통해서이다. 더 관심을 끄는 질문은 "많은 가톨릭 신자에게 신앙의 중추 역할을 해온 이런 대중적 신앙을 경시한 이후, 기독교 영성에는 과연 무슨 일이 벌어졌는가?"[13]이다. 교회 지도자들과 신학자들은 신자들이 이런 대중적인 무속 신앙에서 성례전과 예배로 돌아서기를 원하지만, 예배당에 앉아 있는 교인들은 이를 따르지 않을 것이 명백하다. 특별히 예배가 여러 면에서 그들에게 별 감동을 주지 못한다면 말이다.

제2차 바티칸 공의회의 세 가지 신학적 노선을 간단히 정의하면 다음과 같다. 오늘날 영성에 대한 대부분의 관심은 첫째, 거룩함으로의 보편적인 부르심이라는 공의회의 선언, 둘째, 그리스도인의 삶에 있어서 성경의 중

---

12) *Sacrosanctuin Concilium*, no. 14.

13) 공의회 이후의 교회 가운데 일반 대중 신앙의 중요성에 대한 연구는 Regis Duffv, *Devotio Futura: The Need for Postconciliar Devotions in A Promise of Presence: Studies in Honor of David N. Power.* Michael Downev and Richard Fragomeni, eds. Washington, DC: Pastoral Press, 1992, pp. 163-183를 보라.

심성과 기도에 대한 강조, 셋째, 신앙생활의 원천이면서 최고 절정인 성례전 특히 성만찬의 비전에 자극받아 형성된 것이다. 오늘의 기독교 영성의 경향을 무엇이라고 하든, 분명한 것은 현대 기독교 영성은 평신도 영성, 성경적 영성, 성례전적 영성인 점이다. 공의회 이후 이 세 가지 요소가 독특하게 표현되고 있는 곳이 성령 쇄신 운동이다. 이 성령 쇄신 운동은 수십만 명의 세례받은 가톨릭 신자에게 새로운 오순절의 경험이 되었다. 이 운동에서 성령의 은혜는 그들을 개인 기도와 공동 예배, 하나님의 말씀으로 형성되는 거룩한 삶에 대해 더 깊이 이해하고 헌신하게 했다. 이 성령 쇄신 운동은 미국은 물론 전 세계적으로 기독교 영성에 광범위한 영향을 주었고, 현재도 그 영향은 계속되고 있다.

공의회의 세 가지 강조점에 첨가해서, 교회와 세상과의 관계에 대한 공의회의 새로운 비전이 현대 기독교 영성에 중요한 발전을 가져왔다. 그중 어떤 것들은 이미 예상한 것들이지만, 어떤 것은 전혀 그렇지 못한 것들이었다. 그렇다면 교회와 세상과의 관계에 대한 공의회의 새로운 비전은 무엇인가?

세상과 대화하는 하나님의 백성

쉽게 말하면, 세상의 악에 대해 요새로서의 교회 이미지는 교회와 세상이 서로 중요한 대화를 하는 이미지로 바뀌었다. 이런 변화는 바티칸 공의회의 "현대 세계 속에 있는 교회의 목회 헌장"에 가장 분명하게 명시되어 있다. 교회 내부와 외부에 있는 사람들은 이런 관점의 변화를 모두 기쁨과 소망으로 반갑게 맞아들였다. 그러나 공의회의 중요한 문서 중 하나인 "목회 헌장"은 오늘날 기독교계에서는 거의 잊히고 있다. 이 "목회 헌장"이 갖는 전제는 교회와 세계는 서로 주고받을 것이 있다는 데에 있다.

공의회 이전, 교회와 세계와의 관계의 본질을 이해하는 데서 현저하게 눈에 띄는 점은 그리스도의 인격이었고, 이에 반해서 성령의 중요성은 감춰져 있었다. 그래서 교회의 전통적인 정의인 교회의 기초는 예수 그리스도의 인격과 열두 제자에게 위임된 그리스도의 지상 명령에 기초를 두고 있다는 이론이 유지되었다. 이 전통적인 견해에 따르면, 그리스도 자신이 교회를 세웠고, 그 후 천국 열쇠를 베드로에게 위임했다. 오순절 성령 강림은 교회 탄생의 표시였고, 더 나아가 복음을 땅끝까지 전파하라는데 위임령의 시작이었다.

따라서 교회의 본질에 대한 대부분의 이해는 교회의 조직적인 구조와 관계를 맺고 있는 예수 그리스도의 인격과 사역에 초점이 맞추어져 있고, 반면 세상을 향한 교회의 사명은 성령께 맞추어져 있었다. 따라서 열두 사도를 계승해서 안수받고, 종교적 서약을 통해서 교회에 가입된 성직자들은 교회의 내적인 삶에 대해 책임지도록 위임되었고, 그들을 제외한 평신도들은 불경스럽고 세속적인 것을 거룩하게 만드는 성령의 사명(세례 때 받음), 즉 세상을 향한 교회의 사명에 참여하는 것이 되어 버렸다.

교회와 세계와의 관계에 대한 이런 구조가 갖는 문제점은 그리스도와 성령의 상호 관계에 대해 만족스럽지 못한 이해에 있다. 그리스도가 신앙 공동체인 교회를 세운 것은 성령 안에서, 그리고 성령을 통해서 행한 것이 분명하다. 초대 교회가 설교하고, 가르치고, 치유하고, 자비와 긍휼의 삶을 산 것은 그리스도의 영의 임재와 능력 안에서 한 것이다.

교회와 세계와의 관계를 거룩함과 세속, 조직과 은사, 그리스도와 성령,

교회 안의 사역과 교회 밖의 사역 등으로 분리해서 보는 관점은 그리스도와 성령을 분리하여 보는 것에 근거한 것이다. 이런 사상은 성경이나, 예배, 건전한 신학에서 별로 타당성이 없다.

그런데 불행한 것은 사역에 대한 대부분의 현대적 논의 가운데서도 안수 받은 성직자나 수도 서원을 한 수도사들이 교회 안의 삶을 담당하고, 평신도들의 사명은 교회 밖, 세상에서 이루어져야 한다고 주장하고 있는 점이다. 그리스도와 성령이 인간 역사 가운데 하나의 거룩한 삶이었듯이, 교회와 세계와의 관계에서도 계속적인 역동적인 관계가 존재한다. 이런 사상은 제2차 바티칸 공의회가 교회의 이미지를 "세상 안에서 그리고 세상을 향한 성례전"으로 표현한 데에 분명히 나타나고 있다.

인간의 삶, 역사, 세계, 교회 가운데 우리와 함께하시는 성령의 임재에 초점을 맞추지 않고, 교회의 내적인 생활에만 초점을 맞추는 영성의 가장 부정적인 효과 중 하나는 사회적, 정치적 문제를 외면한 것이다. 과거 많은 접근법에서는 영성생활에 헌신하는 것이 보통 자기 가족이나 주위 사람에게만 친절을 베푸는 형식을 취했고, 그 후 세상에 있는 다른 사람에게 관심을 돌렸다.

따라서 사회-정치-경제적 질서에 대한 책임 의식이 기독교 영성생활과 영적 성장에 있어서 필수 요소로 취급되지 않았다. 그때 윤리는 종종 성 윤리와 동일시되었다. 자비는 복음서가 명령하고 있는 삶을 사는 데 있어서 필수적인 것으로 생각됐지만, 정의 즉 사람들의 필요에 따라 나누어주고, 모든 사람이 성장할 수 있는 세상을 건설하고, 인류를 향한 하나님의 구원 계획에 따라 올바른 질서 관계를 확립하는 것 등은 필수가 아닌 요망 사항으로 받아들여졌다.

교회와 세계가 비평적인 대화 관계에 있다는 공의회의 관점은 세상을 향한 하나님의 구원 계획이 존재의 전체 차원을 포괄하고 있다는 인식을 하게 했다. 창조의 미세한 부분까지도 예수 그리스도 안에서, 그리고 예수 그리스도를 통해 나타난 사랑의 하나님 품속에 있다. 이는 영적인 삶이 개인적이면서 관계적이고, 인간의 모든 관심 사항과 헌신들을 포함하고, 교회와 세상에서 가장 작고 미약한 사람에게 특별히 관심을 쏟는 것이라는 관점을 요구한다. 모든 창조 세계, 인간의 삶, 세상(성령이 거하시는 곳)에 민감한 참된 기독교 영성이 관심을 가져야 하는 부분은 특히 비인간적인 취급을 받는 사람들과 모든 생물체다.

교회와 세계에 대한 공의회의 관점은 성령이 그리스도보다 낮다든지, 세계가 교회보다, 평신도가 성직자나 수도자들보다, 세속적인 것이 거룩한 것보다 열등하다는 차별을 인정하지 않는다. 이런 관점에서 보면, 교회가 그리스도인의 삶에 있어서 배타적인 영역이 아니다. 매우 광범위한 그리스도인의 삶의 형태가 성령께 응답하는 것으로 나타난다. 이 성령은 인간의 삶, 역사, 세계, 교회 속에서 빛을 비추고, 활력을 주고, 인도하고, 거룩하게 하고, 치유하신다. 교회 밖에서 역사하시는 성령의 임재를 부인하는 것이 아니다. 이것은 우리가 세상에서 전반적으로 역사하시는 성령의 임재의 표징을 발견하고, 이 성령의 역사가 놀라운 방식으로 전혀 예기치 않은 장소에서 일어나고 있다는 것에 개방되어 있을 것을 요구하고 있다. 우리는 종종 이 성령의 임재에 놀라운 방식으로 반응할 준비가 되어 있어야 한다.

결론

　제2차 바티칸 공의회 문서는 전체 교회의 삶에 방향을 설정해 주었다. 공의회는 성경의 근본적이고 형성하는 역할, 성례전 특히 성만찬의 중심성, 하나의 거룩함으로 부름받은 하나님의 백성인 교회에 대한 새로운 시각, 세상 안과 세상을 향한 성례로서의 교회 등에 강조점을 두었다. 이와 함께 공의회는 기독교 신앙의 풍부한 전통에 확고히 뿌리를 둔 기독교 영성에 대해 핵심적인 이정표적 원리를 제공했다. 공의회의 이런 신학적 방향성을 실천함에 있어서 현대 그리스도인들은 여러 가지 기독교 영성의 경향을 발견하면서 즐거워했다. 이 중 어떤 경향은 분명히 공의회의 신학적 방향성에 의해 발전된 것들이지만, 어떤 것들은 다른 기원과 원인에 의해 생겨난 것들이다. 다음에서는 현대 기독교 영성의 중요한 경향을 탐구할 것이다.

제5장

기독교 영성의 경향

　제3장에서는 현대 그리스도인들 가운데 과거 풍부한 영적인 전통에 넓은 관심을 두고 있는 것에 초점을 맞추었고, 제4장에서는 이에 대한 근본적인 신학적 방향성에 대해 다루었다. 따라서 이번 장에서는 오늘날 영성의 현대적 상황을 살펴보고, 기독교 영성의 다양한 경향을 설명하려 한다. 이들 대부분의 영적 경향은 그 근원을 제2차 바티칸 공의회로 소급해 올라가지만, 다른 근원에 뿌리를 둔 것들도 있다. 현대 기독교 영성의 모든 것들이 칭송받을 만한 것들이 아니기 때문에 몇몇 기독교 영성에 대해서는 영적인 분별력이 필요하다. 따라서 이번 장에서는 오늘날 기독교 영성이 가진 몇 가지 문제점을 살펴보고, 이게 대한 해결책도 제공해보려고 한다.

　기독교 영성의 경향을 조사하는 이유는 21세기에 접어들면서 기독교 영성이 취하게 될 형태나 방향성이 어떤 것인지에 대해 새로운 정보를 제공하기 위해서이다. 현대 기독교 영성의 경향을 살펴보기 전에, 영성이 단지 삶의 한 가지 차원, 즉 영적인 삶이나 기도의 훈련을 의미하는 것이 아님을 기억해야 한다. 도리어 현대적 관점에서 본 기독교 영성은 그리스도인의 총체적인 삶에 관심을 가진다. 따라서 영성이 다루는 주제들은 성령의 임재와 능력에 의해 그리스도 안에서 풍성한 삶을 사는 것, 그리스도의 성품으로 변화되어 가는 것, 하나님과 다른 사람들, 모든 창조 세계와 연합되는 것 등이 포함된다.

현대 기독교인들은 영성에 대한 더 통전적인 이해에 계속적인 관심을 가져왔다. 통전적(holistic)이라는 말은 전인(whole person)을 가리키고, 따라서 거룩한 삶을 계발하면서 전반적인 건강에 대한 중요성을 더 깊이 인식하게 되었다. 그 결과 영성생활에 있어서 다이어트와 운동, 직장과 여가와의 균형, 독거와 사람들과 관계에 큰 관심을 두게 되었다. 영성에 대한 현대적인 접근법은 그리스도인의 삶에 대해 교리적인 형성을 해주거나, 이론적인 설명을 하는 대신, 하나님을 추구하는 구체적인 경험과 하나님의 다가오심에 대한 반응으로 어떤 삶을 살아야 하는지에 대한 적절한 방법을 모색하는 것의 중요성을 강조하고 있다.

"경험"이라는 단어의 뜻을 설명하기 어렵지만, 영성의 주재료는 인간의 경험이라는 전제에 대해서는 모두 동의하고 있다.[1] "경험"이라는 단어는 우리의 실생활에 파고들어 오는 것—그것이 영적이든, 신비적이든, 신학적이든, 윤리적이든, 심리학적이든, 정치적이든, 육체적인 경험이든지—을 묘사할 때 사용하는 단어이다. 따라서 "영적인 경험," "종교적인 경험," "성령의 경험" 등은 하나님과 인간 영혼 사이에 일어나는 신비적인 현상이나 비일상적인 출현만을 의미하는 것이 아니다. 도리어 현대 영성에서 이야기하고 있는 경험은 우리 삶 속에 들어오는 모든 것들 즉, 사건, 이야기, 관계,

---

1) 다음을 참조하라. Kenneth Leech. *Experiencing God: Theology an Spirituality*. San Francisco: Harper and Row. 1983. Tad Dunne. *Experience in The New Dictionary of Catholic Spirituality* Michael Downey, ed. Collegeville, MN: Liturgical Press. 1993. pp. 363-377.

헌신, 고난, 소망, 불행 등을 말한다. 따라서 우리의 삶은 이런 것들을 직면하면서 우리가 반응하고, 관계하는 것에 의해서 형성된 것이고, 영성도 같은 식으로 형성된 것이다.

경험에 관심을 둔다는 것은, 사람들뿐만 아니라, 하나님과 관계를 맺으면서 살고 있는 개인의 구체적인 삶의 상황이나 사회적인 지위에 더 많은 관심을 두고, 또한 이런 관계에 있는 독특한 문화에 대해서도 그 중요성을 강조해야 한다는 말이다. 하나님에 대한 경험이 배우자나 자녀들과의 관계에서 주로 이루어진다고 말할 수 있는가? 아니면 선교사의 활동을 통해서? 가르침을 통해서? 설교를 통해서? 더 나아가 한 사람의 인생이 고난과 불행으로 점철된 것이 경제적 가난 때문인가? 아니면 인종 차별 때문인가? 또는 성 학대나 성의 선택에 대한 차별대우를 받은 사람이거나 장애자이기 때문인가? 만일 영적인 삶에 있어서 그 출발점이 인간의 경험이라고 한다면, 한 사람의 삶의 상황을 결정짓는 이런 요소들을 고려해야 한다. 이 모든 것들은 때로는 서로 양립할 수 없는 독특하고, 구체적이고, 다른 상황에 대한 깊은 인식을 보여준다.

분명히 오늘날 기독교 영성의 중요한 경향 중 하나는 기독교 영성생활에 있어 대안적인 경험에 대한 인식이다.[2] 기도에서도 한 가지 방법만이 있는

---

2) 기독교 영성생활의 대안적인 경험에 대한 예는 다음을 참조하라. Leonardo Boff. *Faith on the Edge: Religion and Marginalized Existence.* 2nd ed. Robert Barr. trans. Maryknoll. NY: Orbis Books, 1991. See also Brett Webb-Mitchell. *Unexpected Guest at God's Banquet. I Welcoming People with Disabilities into the Church.* New York: Crossroad, 1994.

것이 아니고, 성령 안에서의 성장과 발달도 단일한 것만 존재하는 것이 아니다. 이것은 시대마다 사람들이 깨달아 온 영원한 진리이다.

그러나 오늘날 사람들은 과거와는 달리 경험의 다양성에 대한 인식을 갖게 되었고, 기독교 전통 가운데서 간과됐던 것들을 찾으려는 열심이 있다. 그리고 어린이, 흑인, 스페인계 사람들, 정신적, 육체적 장애자들, 제삼 세계 사람들, 게이나 레즈비언들의 영적인 삶에 관심을 두고 있다.

기존 교회의 영성생활과 영성에 대한 이해의 관점에서 볼 때, 그동안 그리 중요한 위치를 차지하지 못했던 이런 부류의 사람들의 대안적인 경험에 참여함으로써, 많은 사람은 이런 경험들이 일리가 있을 뿐만 아니라 매우 중요한 것이고, 이것들이 빠진 성령 안에서의 그리스도인의 삶은 우리가 그것들을 무시한 관계로 매우 빈약하다는 공감대를 갖게 되었다.

이런 성령의 빈약함은 기존 신자에게 대안적이고 한계적인 것으로 인식되어온 사람들뿐만 아니라, 더 나아가서 교회와 사회의 주변으로 쫓겨나고 밀려난 사람들의 목소리를 청종하지 않고 무시하려는 기존 교회 신자들에게도 사실로 적용된다. 예를 들면, 장애자들의 목소리를 경청하고 그들의 삶을 살펴본 많은 사람은 장애인들의 대안적인 경험이 무엇이고, 또한 인간이 되는 것이 무엇을 의미하는지 더 많이 깨닫게 되었다고 한다.[3] 이런 사람을 대하면서 마음속에 일어나는 동정, 축하, 용서, 돌봄 등은 그리스도 안에서 누리는 풍성한 삶에 없어서는 안 될 것들이다.

---

[3] 나는 어떻게 '정상적인' 사람이 정신적인 장애자들의 대안적인 경험으로부터 영성생활에 대한 중요한 그 무엇을 배울 수 있는지를 *The Spirit of Jean Vanier and l'Arche*. San Francisco: Harper & Row, 1986에서 시도했다.

그러나 이런 감정은 건강하고 지식 있는 사람들을 만날 때 생기는 것은 아니고, 또한 이 감정들이 한계인들이나 장애자들 가운데 "또 다른 사람들"을 만나고자 하는 기대감을 부추기는 경향을 만들어낸다. 이는 교회와 사회의 변두리로 밀려난 사람에게도 동일하게 적용된다. 이렇게 소외된 사람들의 경험과 특히 교회와 사회에서 무력하고, 하찮은 존재로 취급되어온 많은 여성의 경험은 진정한 그리스도인의 삶과 실행을 고찰하는 데 중요한 자원이라기보다는 필수적인 자원이 된다.

기독교 영성에 있어서 가장 중요한 대안적인 경험 중 하나는 교회에서의 여성의 경험이다.[4] 교회에서 여성이 다수를 차지하고 있는데, 여성의 경험이 대안적이고 한계적이라고 말하는 것이 이상하게 들릴 수 있다. 그러나 여성들은 자기 삶을 결정하는 중요한 의사 결정을 내릴 때나, 권력이나 권위를 사용함에 있어서 목소리가 없는 보이지 않는 존재에 불과했다. 물론 기독교 영성에 있어서 아빌라의 테레사, 시에나의 캐더린, 교회의 박사들, 그리고 그 외의 우뚝 솟은 여러 여성이 있었다. 그러나 기독교 전통에서 여성들은 대체로 교회 생활의 숨겨진 존재로 남게 되었다. 그리고 기독교 영성에 있어서 여성의 영성생활에 대한 접근법도 겸손한 봉사, 인내, 참음, 그

---

4) Rosemary Radford Ruether. *Sexism and God-Talk: Toward a Feminist Theology*. Boston: Beacon. 1983; Elisabeth Schüssler Fiorenza, *In Memory of Her. A Feminist Theological Reconstruction of Christian Origins*. New York: Crossroad. 1983: Anne F. Carr, *Transforming Grace: Christian Tradition and Women's Experience*. San Francisco: Harper & Row, 1988; Elizabeth A. Johnson. *She Who Is: The Mystery of God in Feminist Theological Discourse*. New York: Crossroad, 1992.

리고 나사렛에서 이름도 없이 산 성모 마리아가 보여준 다른 덕과 같은 것들을 개발하는 것에 강조점을 두었다.

그런데 이와는 반대로 남성들에게는 용기나 열정, 꿋꿋함, 그리고 대외적이고 사회적인 덕들을 개발하는 것으로 인식됐다. 그러나 역사를 올바르게 읽게 되면, 현재까지 기독교 영성사에서 주석 정도로만 취급되어온 브라만트의 하데위치(Hadewijch of Barbant), 빙겐의 힐데가드, 마그데부르그의 메췰트(Mechtild of Magdeburg), 노리지의 줄리안, 제인 프란시스 찬탈(Jane Frances de Chantal), 코넬리아 코넬리와 그 외 다른 여성들에 대해서 다른 견해를 갖게 된다.

기독교 영성에 있어서 여성의 경험이 가진 숨겨진 장점을 회복하고 복구하는 것은 영성생활의 성장과 발전에 있어서 여성 자신의 독특한 경험이 가진 중요성을 인식하려는 여성들의 큰 노력 가운데 한 부분에 불과하다.

가톨릭 교회권 내에서는 많은 여성이 자신들의 사상을 해방주의자들과 여권론자들의 관점과 일치시키려고 해왔다.[5] 전통적인 여성 역할을 지지하는 이론적이고 영적인 자원에 대해서 강하게 반대하는 흐름도 중요하지만, 오늘과 미래의 기독교 영성에 있어서 더 중요한 것은 교회 생활의 모든 영역에서 여성들이 온전하게 참여할 가능성을 만들어내는 사람들의 노력이다.

기독교 여권 신장론자들의 노력으로 과거와 현재, 남성과 여성에 의해

---

5) 신학의 주요 주제들을 여성 신학적인 관점으로 다룬 것으로는 Catherine Mown LaCugna, ed., *Freeing Theology: The Essentials of Theology in Feminist Perspective*. San Francisco: Harper, 1993가 있다.

무시되어 왔고, 소홀히 취급되어온 여성 자신들의 경험이 바로 성령의 임재와 역사를 체험하는 축복된 자리라는 것을 많은 사람이 깨닫게 되었다. 여성과 남성을 포함한 가톨릭 여권 신장론자들은 교회 내의 가부장적 기초와 남성 지배 때문에 기독교 전통이 축소되었다는 사실에 동감하고 있다. 여성들의 경험이 대안적인 것으로 비치고, 별 볼 일 없는 기호로 표현되고, 그리스도인들의 의식 끝부분으로 억압되어 밀려났을 때, 성령을 통한 그리스도 안에서의 풍성한 하나님 경험은 침묵을 지키게 되었다.

과거와는 달리, 하나님, 그리스도, 성령, 교회, 성례전, 사역, 권위, 그리스도인의 영적인 삶의 본질을 이해하는 데 있어 여성의 경험이 사용되고 있다. 너무 단순화한다는 비평을 들으면서도, 여성들은 이제 자신들의 목소리로 이야기하기 시작했다. 많은 사람은 여성들의 이해 방식과 경험 방식이 남성과는 매우 다르다는 것을 대화 가운데 발견하게 되었다.[6]

어떤 이들은 여성들의 경험이 그 원리에 있어서 남성들과 다르다는 전제에 대해 의문을 제기하기도 한다. 그러나 다른 사람들 특히 유색 인종의 여성들은 우먼이스트(Womenist, 흑인 여성), 무제리스타(Mujerista, 남미 여성)라는 이름으로 각각 다른 관점의 목소리를 냄으로써, 여성 신학자들에게 다른 인종과 계급에 있는 여성들이 겪고 있는 경험이 다양하다는 것을 볼 수 있도록 도전하고 있다.

이쯤에서 현대 영성의 경향 중 여권주의 영성에 반대되는 남성 영성의

---

6) 아마도 이것에 대해 가장 잘 알려진 것으로는 Carol Gilligan, *In a Different Voice*. Cambridge. MA: Harvard University Press, 1982가 있다.

계발을 지지하는 남성 운동의 출현에 대해 언급하는 것이 중요하겠다.[7] 남성 운동의 전제는 가부장적 기초와 남성 지배에 뿌리를 둔 교회와 사회에서 여성들에게 상처를 준 것을 교정하는 일에 있어서 남성으로서의 남성 경험은 무시되거나 간과되지 않았다는 데 있다.

이 최근의 남성 운동이 기독교 여권주의 영성을 상충하거나 대치할 것인지의 문제는 계속 논쟁하고 있다. 그러나 그 논의의 결과가 어떻든 분명한 것은 여성 경험의 중요성에 대한 인식이 생겼다는 것과 여권주의 영성의 출현이 최근에 가장 중요한, 아니 전혀 예기치 못했던 발전 중의 하나라는 점이다.

여성들이 자신의 목소리로 이야기하면서부터 생겨난 현대 영성의 형태 중 하나가 모든 생명이 갖는 관계망(relational matrix)에 대한 중요성이다. 여성의 이해 방식과 경험 방식이 남성의 것과 다른가 하는 질문은 관계가 남성보다는 여성의 의식과 경험에 참으로 더 중심적인가 하는 질문을 만들어 냈다. 이 복잡한 문제에 대한 해답이 무엇이든지 간에 여성의 관점은 인간과 그리스도인의 삶에 있어서 관계망을 항상 주지시켜 온 역할을 해왔고, 따라서 그리스도인의 삶에 있어서 운영 체계로서 관계가 갖는 중요성을 일깨워 왔다.

관계망에 관한 관심은 단순히 사람이나 하나님과의 개인적인 관계에만 제한되지 않고, 존재하는 모든 것에까지 필수적으로 관계되어 있다. 이런 관점은 모든 종류의 이원론을 제거하는 데 도움이 된다. 이런 관계망의 관

---

7) 참조. Patrick Arnold. Wildmen. *Warriors and Kings: Masculine Spirituality and the Bible*. New York: Crossroad. 1992.

점에서 볼 때, 불가피하게 서로 연관된 영혼과 몸, 영과 육체, 교회와 세상, 거룩함과 세속을 심하게 분리(separating)하기보다는 구별(distinguishing)하는 것이 중요하다고 생각하게 되었다.

현대 그리스도인들은 이런 미묘한 이원론적 관념을 제거함으로써 영성에 대해 더 성육신적이고, 더 성례전적인 접근을 할 수 있게 되었다. 영성생활의 관계망이 가장 현저하게 드러나는 곳은 사람들 간의 관계일 것이다. 특히 친밀함과 성이 포함되어 있고, 거룩함을 드러내는 인간관계의 한 예증인 신성한 결혼 관계가 바로 그것일 것이다.

오늘날 영성 용어 가운데 핵심 단어는 관계성과 관계이다. 이것은 삶과 영성의 운영 체계인 관계망에 대해서 남성보다 더 깊고 예민하게 반응하는 여성의 경험 때문만은 아니다. 도리어 영성생활에 있어서 관계가 핵심적이라는 신념은 특이하게도 하나님에 대한 그리스도인들의 이해에 근거한 것이다. 그리스도인이 믿는 하나님은 삼위일체의 하나님 즉, 사랑의 관계에서 세 위격이 서로 교제하고 있는 하나님이기 때문에, 인간 상호 간의 관계를 하나님을 체험하는 축복된 장소로 보는 것이 중요하다.[8] 그리스도인들은 하나님을 이해할 때, 사랑의 관계에서 신성과 인성이 서로 교제하는 것으로 보고 있어서, 인간 속에 있는 하나님의 형상은 다름 아닌 관계 맺는 능력이라고 할 수 있다. 관계성은 인간이 성령의 임재와 능력 안에서 그리스도의 성품으로 변화되어 가는 모체가 된다.

그러나 인간관계는 선천적으로 어두운 부분 즉, 피할 수 없는 부정적인

---

8) 참조. Catherine Mowry LaCugna. *God for Us: The Trinity and Christian Life*. San Francisco: Harper. 1991. especially Part Two.

차원을 가지고 있다. 따라서 우리는 예수의 삶과 그가 선포하고 위하여 목숨을 바친 하나님 나라에 더 일치하는 올바른 인간관계를 계속해서 세워나갈 것을 요구받고 있다. 바로 세워진 인간관계란 상호성, 상호 이익, 평등, 돌봄, 자비, 정의에 근거한 관계를 말하고, 더 나아가 상처 입은 자와 약한 자, 그리고 제일 연약한 자들의 필요에 특별한 관심을 두는 관계를 말한다. 결국 오늘날 사람들은 그리스도인의 삶에 있어 관계적인 본질을 보여주고 있는 관계망을 어떻게 최대한 실천할 것인지 그 방법을 찾는 데 큰 관심을 기울이고 있다.

개인 상호 간의 관계를 강조하는 것에 첨가해서, 현대 영성에서는 인간의 존엄성과 상호성, 상호 이익과 평등에 기초한 새로운 사회 질서에 대해서 개인 간의 관계를 어떻게 적용할 것인지에 대한 인식이 생겨나고 있다. 그래서 기독교 신앙과 영성을 실제로 적용해서 사회 질서나 정치 체계를 변화시키는 것에 상당한 관심을 쏟고 있다. 의심할 것도 없이, 사회 정의에 대한 이러한 관심은 현대 영성의 중요한 발전 중의 하나이다.

이런 사회 정의에 대한 강조는 그리스도인의 삶과 영성의 실제적 적용에 대한 중요성을 강조하게 되었다. 이는 단순히 사람과 하나님과의 관계인 개인적인 영역뿐만 아니라, 삶의 모든 영역에 대한 강조이다.

현대 영성에서는 실천(praxis)에 상당한 관심을 두고 있다. 프락시스라는 단어는 실천이라는 의미이다. 그러나 현대 신학이나 현대 영성에서 말하는 실천이라는 것은 단순히 어떤 행동이나 훈련을 가리키는 것이 아니고, 복음서의 삶을 실천하는 것을 의미한다. 사람들과 사회는 이 복음서를 통하여 사랑 안에서 자유롭게 진리를 실천하고, 다른 사람도 그렇게 하도록 격려함으로써 그리스도인들의 기도 가운데 묵상하고 있는 그리스도의 신비에 더 충만하게 참여하게 만든다.

영성생활에 대한 과거의 접근법에서는 온전함을 추구하는 데 있어서 자비는 필요이었지만 정의는 조건에 불과했다. 그러나 정의로운 사회 건설은 그리스도의 영을 따라 사는 삶에 맺혀지는 분명한 열매라는 것을 반대하는 사람은 그리 많지 않게 되었다. 정의는 필요이지, 단순히 조건이 아니다. 근본적이고 전통적인 기독교인들로부터 가장 진보적인 기독교인에 이르기까지 진정한 영성은 사회에서의 삶이라는 결과를 가진다는 데 모두 동의한다. 그러나 그 결과가 무엇이고, 사회 문제를 어떻게 치유하는지의 문제는 계속 불일치하고 있는 영역이지만, 캘커타의 마더 테레사나 진 배니어, 도로시 데이 등과 같이 사회 문제에 참여하는 것은 보수, 자유 진영 모두로부터 큰 칭찬을 받고 있다.

보수 진영에 있는 다수 사람이 가난한 자들과 억압받는 자들을 위해 일하는 자신들에게 해방신학의 영향이 있다는 것을 잘 인정하지 않으려고 하지만, 대부분 사회 중심적인 영성의 형태는 정치 신학과 해방신학 속에 있는 해방의 실천으로 형성된 것이다.[9] 사회 정의를 향한 이런 영성의 경향은 예수회의 예를 통해서 더욱 활기를 띠게 되었다.

예수회는 제32차 정기 총회(1974. 12. 2~1975. 3. 7)에서 제2차 바티칸 공의회 이후 예수회의 사명을 "믿음의 봉사와 정의의 증대"라는 말로 재천

---

[9] 참조. Segundo Galilea. *The Way of Living Faith: A Spirituality of Liberation*. San Francisco: Harper & Row, 1988; Gustavo Gutirrez, *We Drink from Our Own Wells: The Spiritual Journey of a People*. Maryknoll, NY: Orbis. 1984.

명했다.10) 믿음과 정의가 서로 분리될 수 없다는 이 통찰력을 예수회 신부들과 그 외 사람들은 "정의를 실천하는 믿음"이라고 한다. 이런 사회 정의를 향한 영성의 방향성은 많은 예수회 신부와 다른 수도 단체의 신부들 가운데 나타나고 있는데, 그들은 사회 정의에 기반을 둔 영성의 다양한 현대적 표현에서 가장 중요한 부분인 인간 존엄을 위해 투쟁하고 있다. 그리스도인들의 영성생활에 있어서 정의가 필요하다는 인식은 교회와 사회 속에 있는 여성의 문제에 큰 관심을 기울이게 했고, 더 나아가 삶의 모든 영역에서 여성의 평등을 위한 투쟁에 관심을 두게 했다.

더 강력한 생태학적 자각 의식을 계발하는 것은 인간의 모든 삶과 그리스도인의 삶에 있는 관계망적 인식이 더 확대된 것이라고 볼 수 있다.11) 이런 관점에서 볼 때, 현재 인간이 직면하고 있는 환경 위기는 부분적으로는 무지와 오해에 의한 것이고, 실상은 인간을 제외한 다른 생명체와 지구 자

---

10) General Congregation 32, Decree 4: Our Mission Today The Service of Faith and the Promotion of justice. 다음을 참조하라. *Document of the 31st and 32nd General Congregations of the Society of Jesus*. St. Louis, MO: Institute of Jesuit Sources, 1977. 또한 참조할 것은, Pedro Arrupe, *Justice and Faith Today*. Jerome Aixala, ed. St. Louis, MO: Institute of Jesuit Sources. 1980; *Recollections and Reflections Pedro Arrupe*, SJ. Yolanda T. DeMola. trans. Wilmington. DE: Michael Glazier. 1986.

11) 가톨릭교회에서 생태학적 자각을 발전시킨 최전선에 있는 사람으로는 Thomas Berry이다. 그의 저서들은 무엇이든지 추천한다. 그의 저서 *The Dream of the Faith*, San Francisco: Sierra Club Books, 1988을 보라. Matthew Fox의 몇몇 저서 또한 도움이 될 것이다. 또한 Sallic McFague, *The Body of God: An Ecological Theology*. Minneapolis: Fortress, 1993.를 참조하라.

원에 대해서 인간 자신의 권력을 무책임하게 사용한 결과로 발생한 것이다.

생태학적 위기를 일으킨 몇몇 접근법은 순전히 실용주의적 관점 즉 인간이 지구의 자원을 모두 사용했고, 또한 지구의 선과 순결을 범했다는 데에 근거한다. 인간이 현재의 방식대로 계속한다면 생명은 지속하지 못할 것이다. 어떤 사람들은 창조의 거룩함, 아니 창조의 신성함에 관해 관심을 가졌고, 또한 특정한 영성을 형성함에 있어서 환경이나 지형이 갖는 형성적 역할(formative role)에 관심을 기울이기도 했다.

창조는 하나님의 선물이기 때문에 남용되거나 파괴되어서는 안 된다. 모든 창조 세계는 하나님의 영에 의해 활기를 띠고, 하나님의 형상을 나타내고, 하나님의 모든 생명에 참여한다. 이것은 인간뿐만 아니라, 모든 창조 질서의 진리이다. 이제 소개할 캐더린 라쿠나(Catherine LaCugna)의 창조 세계에 대한 삼위일체적 관점은 가장 뛰어난 것이다.

"하나님은 창조의 작은 부분까지도 철저하게 관여하신다. 참으로 이것을 깨닫는다면, 우리 삶의 매 순간을 어떻게 접근할 것인가 하는 것을 완전히 바꾸어 놓을 것이다. 왜냐하면 존재하는 모든 것—곤충, 홍마노, 은하계—은 살아계신 하나님의 신비를 나타내기 때문이다."[12]

위의 시각에서 보면, 예수의 구원은 단지 인류만을 위한 것이 아니라 온 세계를 위한 것이다. 구속적 신비는 창조의 작은 부분까지도 포함하고 있다.

---

12) *LaCugna*, p. 304.

현대 영성은 거룩함을 드러내는 것으로서의 관계성을 강조하면서 동시에 공동체의 중요성에 대해서도 큰 관심을 보인다. 이런 현상은 신자들의 성례전적 삶에 있어서 교회의 역할과 지역 교회와 교회 갱신, 그리고 지역 교회 공동체에 대한 강조에서 찾아볼 수 있다.

기독교 영성 용어로 공동체에 관한 가장 중요한 출현은 소그룹 신앙 공동체이다. 여기에는 교회 갱신 그룹, 기도-성경 공부 그룹, 행복한 결혼 만들기 그룹, 꾸실로(Cursillo, 스페인의 성령 쇄신 기도 모임), 성령 쇄신 운동에 속한 많은 기도 그룹이 포함된다. 현재 중남미에서도 기초 공동체가 출현하고 있는데, 여기에서 신자는 함께 모여 기도하고, 하나님의 말씀을 묵상하고, 복음서의 말씀을 실천해서 개인과 사회의 정의와 자유를 가져오는 방법을 모색하고 있다.

이런 의미에서 볼 때, 이 소그룹 신앙 공동체는 자기 도움과 상호 도움을 위해 생겨났다. 교회의 기본 세포들로 인식되고 있는 이들 그룹은 제3세계 교회 특히 라틴 아메리카에 엄청난 영향을 주었고, 현재는 아프리카와 아시아의 교회들 가운데 이 모임이 번성하고 있다. 전 세계적으로 이 소그룹 공동체는 영적 갱신에 대한 통찰력을 제공했다.[13]

영적 성장과 발전이 일어나는 하나의 장(場)인 관계성과 공동체를 크게 강조하는 것이 마치 인간의 자유, 각 개인의 개체성에 대한 존경, 개인의 독특성이 갖는 중요한 역할을 혼란스럽게 만드는 것처럼 보인다. 다시 말하면, 관계성과 공동체라는 환경 속에서는 성장과 변화와 그리스도를 닮아가는

---

13) *Leonardo Both Church: Charism and Power*. New York: Crossroad, 1985.

개인의 영적인 책임이 사라지는 것인가? 그리고 영적인 삶의 성숙을 이루는 데 필수적인 것으로 취급된 독거(solitude)는 어떻게 다루어야 하는가? 공동체에 관한 관심을 두게 만든 몇 가지 요인들이 있기는 하지만, 분명한 공동체 의식을 희생하면서 개인을 재차 강조하는 전통적인 영성 접근법에서 보는 것처럼 유혹은 언제나 다른 곳에서 일어난다.

사람들과 하나님과의 관계를 통해서 이루어지는 개성화(individuation)—마땅히 되어야 할 존재로 변화되어 가는 일생의 과정—에 대한 강조는 현대 영성의 경향에서 특히 두드러지는 부분이다. 이것이 기독교 영성사에 있어서 그리 새로운 것은 아니지만, 오늘날에 와서 독특한 강조점이 되어 버렸다. 인간은 거짓된 자아, 허위적인 자아, 위선적인 자아 밑에 놓여 있는 참된 자아, 진실된 자아를 끊임없이 추구해왔다. 거짓되고 허상적인 자아로부터 참된 자아를 찾는 인생 여정을 잘 요약한 사람이 있다면 아마도 토마스 머튼(Thomas Merton)일 것이다.[14]

머튼의 견해에 의하면, 참된 자아는 다른 사람이 가하는 미묘하고 분명한 압력이나 기대에 맞추어 우리가 만들어내려고 애쓰는 자아가 아니다. 참된 자아는 우리에게 이미 주어진 것으로서, 인간의 마음 깊은 곳에 연약하면서 숨겨진 신비로 존재하는 것이다. 각각의 참된 자아 안에 그리스도가 계시다. 참된 자아는 각 개인의 마음 안에 이미 있다고 하지만, 참 자아를 발견하고 참 자아에 부합되는 삶을 산다는 것은 결코 작은 일은 아니다.

---

14) 토머스 머튼의 참된 자아에 대한 주제를 체계적으로 다룬 것은 Anne E. Carr, *A Search for Wisdom and Spirit: Thomas Merton's Theology of the Self*. Notre Dame, IN: University of Notre Dame Press, 1989.

머튼이 사망한 해인 1968년 이후, 많은 사람은 참된 자아를 찾는 것의 중요성을 깨닫게 되었다. 특히 인간의 진정한 정체성과 발전과 자유를 매장하고, 비인간화하는 사회적, 문화적, 경제적, 종교적 세력이라는 관점에서 이 참된 자아의 중요성을 깨닫게 되었다.

인간의 정체성이라는 가장 심오한 신비를 연구함에서 과거의 접근법과는 대조적으로 현대적 접근법에서는 다양한 자원 즉 성서, 심리학(특히 발달 심리학), 신학, 역사, 목회 경험 등에서 우러나온 통찰력과 지혜 등에 많이 의지한다. 많은 사람은 이 참된 자아를 찾기 위해서 특정한 종교 전통의 울타리를 넘고 있다. 그들은 종교적이고 신학적인 통찰력 중의 하나인 에큐메니칼 적이고, 종교 간의 교류가 되고 있음에 주의를 집중하면서 이 일을 하고 있다.

참된 자아를 추구했던 머튼은 가톨릭교회와 기독교 전통을 넘어서면서까지 이것을 추구했고, 극동 아시아 지역의 종교에서 이에 대한 진리를 발견하기도 했다. 많은 사람은 머튼이 스리랑카 폴로나루와(Polonnaruwa)에서 경험한 종교적이고 신비적인 체험은 하나님 안에 있는 자신의 참된 자아(이 자아는 동시에 하나님, 타인, 전체 피조물과 관련된 자아)를 찾아 떠난 기나긴 여행 동안 가장 중요하며 결정적인 순간이었다고 평가하고 있다.

대다수 사람은 기독교 영성의 많은 발전 가운데 인간 발달과 영성 발달이 서로 연관되어 있다는 것을 강하게 믿고 있다.[15] 따라서 심리학과 영성

---

15) John McDarghs가 심리학과 영성을 다룬 것은 *The New Dictionary of Catholic Spirituality*. Michael Downey. ad. Collegeville, MN: Liturgical Press, 1993, pp. 792-800.을 보라. 그리고 뒤이어지는 그의 참고 도서를 참조

이 현대 영성에 있어서 밀접한 관계를 맺고 있다. 그러나 문제는 이 둘 사이를 명확히 구분하기 어렵다는 것이다. 예를 들면, 영성 지도, 목회 상담, 심리 치료 사이에 명확한 경계를 긋기는 어렵다.[16] 영성 지도나 상담, 심리 치료를 받아 본 사람들은 서로 비슷한 문제들을 다루고 있는 것을 발견하게 된다. 영성 지도는 하나님과의 관계를 다루고, 상담이나 심리 치료는 삶의 문제나 자기 정체성 문제, 개인 간의 관계 문제에 초점을 맞춘다고 말하기는 너무 쉬운 해답이다. 우리가 갖는 하나님과의 관계에는 어쩔 수 없이 다른 사람들이 포함되어 있고, 인간의 자기 정체성과 타인과의 관계는 언제나 하나님과의 관계와 연관되어 있기 때문이다.

심리학의 많은 학파 가운데 두 학파가 현대 영성에 특별한 영향을 주었다. 그중 첫째는 발달 심리학이다. 발달 심리학에 따르면, 사람은 인생의 여러 단계와 시기를 거치면서 인생 전체에 걸쳐서 성장하고, 변화한다.

로버트 케간(Robert Kegan)과 캐롤 길리간(Carol Gilligan)의 연구, 장 피아제(Jean Piaget)의 인지 발달 이론, 로렌스 콜벅(Lawrence Kohlberg)의 도덕 발달 이론, 제임스 파울러(James Fowler)의 신앙 발달 이론에 기초한 요안 울스키 콘(Joann Wolski Conn)은 이 이론의 통찰력을 영적 발달에 적용했다.[17] 그에 따

하라. Janet Ruffing, *Psychology as a Resource for Christian Spirituality.* Horizons 17/1 (1990), pp. 47-59를 보라.

16) 몇 가지 유익한 특징을 Carolyn Gratton이 내렸다. 예를 들면, 그녀의 *The Art of Spiritual Guidance: A Contemporary Approach to Growing in the Spirit.* New York: Crossroad, 1992.

17) Joann Wolski Conn의 아무 책이나 보라. 특히 W. Conn, ad., *Women's Spirituality: Resources for Christian Development.* Introduction. Mahwah,

르면, 어느 한 개인이 어떤 발달 단계에 이르게 되면 그 사람은 그 단계에 맞는 영적 경험을 하게 되고, 그것을 인식할 수 있게 된다. 따라서 정상적인 발달 행동 패턴을 알게 되면, 그와 더불어 이상 행동을 쉽게 발견할 수 있게 되고, 그 치료책도 쉽게 제시할 수 있게 된다. 그리고 무엇이 부적절한 행동인지 쉽게 발견할 수 있으며, 영적으로 더욱 성장하는 데 필요한 것이 무엇인지 확인하기도 더 쉬워졌다. 따라서 사람들은 성숙한 단계에 해당되는 행동이나 경험을 발견함으로써, 성령 안에서 성장해 나아가기 위해 자신이 해야 할 것이 무엇인지 확인하면서 앞으로 나아갈 수 있게 되었다.

이들 이론의 통찰력, 자아 심리학과 관련된 발전, 물질 관련 이론과 기독교 영성에 끼친 공헌들이 기독교 영성에 있어서 가장 유용한 것들로 판명되었다. 이는 현대 심리학적 연구를 기독교의 관상적이고 신비적인 전통과 관련지으려는 사람들의 노력 때문이다.

심리학과 관련된 두 번째로 큰 영향력 있는 경향은 성격 유형(personality type indicators)에 대한 것이다.[18] 아마도 이 중 가장 보편적인 것이 MBTI(Myers-Briggs personality type indicator)일 것이다. 칼 융의 연구에 기초한 이 MBTI는 사람들 자신이 그들의 장점과 약점을 이해하고, 나아가 장점을 받아들이고, 이를 개발하고, 그리고 약점은 점진적으로 수정할 수 있도록 만들어진 것이다.

즉, 이것은 자신의 성격을 더 깊이 인식할 수 있도록 자기 이해를 돕는 도

NJ: Paulist, 1986; 2nd ad., 1996.

18) James Empereur의 *Personality Types in The New Dictionary of Catholic Spirituality*, pp. 736-740을 보고, 그의 참도 도서를 참조하라.

구이다. 그래서 나는 외향적인 사람인가? 아니면 내향적인 사람인가? 나는 결정을 내릴 때, 감정에 기초하는가? 아니면 이성의 원리에 기초하는가? 나는 갑자기 결정을 내리는가? 아니면 일이 제대로 될 때까지 그대로 놔두는가? 이는 너무 단순화하려는 경향이 있긴 하지만, 위의 질문들은 MBTI가 대답하려는 것들이다. 그래서 각 개인이 자기 이해와 자기 수용을 더 잘할 수 있기를 바라는 것이다. 이 MBTI는 개인뿐만 아니라 소그룹이나 작은 공동체에서도 사용하고 있고, 더 나아가서 기업체에서도 개인들을 이해하고, 장점을 끄집어내고, 약점을 제거하고 축소하려는 목적으로 이를 사용하고 있다. 어떤 기독교 영성의 경향 중에는 자기 이해와 변형을 위한 영적 시스템인 에니어그램(Enneagram)에 의존하고 있다. 이 에니어그램도 현재 매우 많은 사람에 의해 사용되고 있다.

　이러한 성격 유형표에 사람들이 많은 관심을 두는 이유는 자기 이해와 발견이 영적 성장과 발전에 있어서 핵심이 된다고 믿고 있기 때문이다. 나의 장점과 약점을 더 깊이 알게 되면, 개인의 변화를 가져오는 성화하게 하는 은총과 치유에 대해 잘 반응할 수 있게 된다. 또한 나의 기질을 더 잘 알게 되면, 나에게 적합한 기도 방법이 무엇이고, 나를 교정하고 도전하는 역할을 하는 영적 훈련 중에 나에게 적합한 것이 무엇인지 발견하게 된다. 즉 더 나은 자기 이해를 통해서 일생 걸어가야 할 영적 성숙의 길, 즉 거룩함에 이르는 길을 발견하게 된다.

　이 분야에 있어서 더 유익한 발전 중 하나는 정확한 성격 유형에 기초해서 여러 가지 기도 형태를 개발하는 데 관심을 쏟고 있는 점이다. 이것이 갖는 근본적인 통찰력은 사람들의 서로 다른 심리적 유형이 세상, 하나님, 사람들을 경험하는 데 있어서 서로 다른 방법을 만들어낸다는 점이다. 예를 들면, 외향적인 사람과 내향적인 사람은 그들이 세상을 대하는 방식이나 삶을 살아가는 방식에 있어서 서로 다르고, 이는 완벽주의자와 그렇지 않은 사람 사이에서도 마찬가지이다. 그리고 쉽게 우울해지는 사람은 쉽게 흥분하고 열광하는 사람과는 다른 영적인 통합이 필요하다.

이런 성격 유형표는 좋고 나쁨을 평가하기 위한 것이 아니라 묘사하기 위한 것임을 기억해야 한다. 즉, 외향적인 성격이 내향적인 성격보다 좋다는 것이 아니다. 자신의 성격 유형이 무엇인지 발견하고 이것을 수용하게 되면, 개인이나 사회적인 기대감으로부터 자유하게 된다. 세상에 대한 이런 서로 다른 경험 방식은 한 개인이 성령 안에서 성장하고 발전하기 위해서 다른 기도 유형이나 접근법을 요구하게 된다.

개인과 영적 성장의 역동성을 위해 여러 심리학적 통찰력과 그 외 다른 자원들에 대해 개방된 것은 기독교 영성의 접근법이 학제간적(interdisciplinary)이 되어야 한다는 신념을 보여준다. 또한 이와 밀접한 관계가 있는 것으로써 기독교 영성은 에큐메니칼적이어야 하고, 타 종교에 대해 열린(interreligious) 사고에 의해서 형성되어야 한다는 신념이다. 이런 현상은 많은 그리스도인이 선이나 요가 훈련을 자신들의 영적 훈련의 방편으로 삼는 데서 찾아볼 수 있다. 게다가 타 교단 사람들과 함께 기도하고, 그들로부터 배우려는 것에서 열려 있음에서 찾아볼 수 있다.

또한 기독교 영성의 경향에는 기도와 예언자적 행동을 서로 연결해야 한다는 인식이 생겨나고 있다. 즉, 기도와 행동이 상호 관계에 있다는 의미이다. 자기 분석과 기도, 그리고 사람들과 창조 세계와의 관계로 얻어진 진정한 자기 발견은 선천적으로 주어진 것이고, 은혜와 성령에 의해서 평생 발전시켜야 할 자아이다.

이런 발전은 계속적인 자기 분석이 필요하고, 위험과 변화에 대해서도 열려 있어야 한다. 그러나 이 자기 분석은 개인 영역을 넘어서, 지배적이고 억압적인 이데올로기로 가득 찬 사회 질서에 대한 성숙한 비평적 사고를 포함한다. 이런 비평적 사고가 없게 되면, 진정한 기독교 영성은 관계적이고, 사회적이고, 정치적이라는 진리를 무시하는 경향이 생겨난다. 즉, 기독교 영성은 개인이나 그룹이 겪고 있는 삶의 모든 차원을 포함하고 있다는 진리를 외면하게 되는 것이다.

영성은 단순히 "나와 예수님"과의 관계에만 관심을 두지 않고, 또한 개인 구원이나 성화에만 초점을 맞추지 않는다. 도리어 그리스도 안에서의 삶의 방식인 그리스도의 성품으로 변화되고, 다른 사람과 창조 세계와 하나님과 연합되는 삶을 말한다.

인간 발달과 영적 발달이 상호 연관되어 있고, 서로 보완적인 과정에 있다는 것을 현대 영성이 동의하고 있듯이, 기도와 행동도 거룩한 긴장과 깊은 통합에서 함께 어우러진 인간의 두 가지 차원이라는 것을 강하게 믿고 있다. 이를 이해하려면, 활동적인 삶과 관상적인 삶을 분리된 것으로 본 과거 전통의 배경을 알아야 한다. 그때는 관상적인 삶이 활동적인 삶보다 더 고차원적인 것으로 평가되었다.

복잡한 이 문제를 편견 없이 살펴보면, 오늘날에는 기도와 실천은 하나의 동일한 자원인 인간에 기초하고 있다는 것을 알 수 있다. 인간은 삶, 역사, 세계, 교회 안에 계시는 하나님의 임재와 역사를 찬양하고, 감사하고, 사랑의 관심을 두고 기도하도록 부름을 받았을 뿐만 아니라, 예언자적 행동과 정의와 평화의 증진을 위해 하나님의 통치가 확대되어 가는 곳에서 활동하도록 부르심 받았다.

현대에서 영성의 다양성이 눈에 띄게 나타나고 있다. 이는 오늘의 교회와 세계에서 체험되는 성령에 대한 경험이 다양하다는 의미이고, 이런 다양성은 무척 풍부하다. 그러나 그와 동시에 성령 운동, Focolare(스페인 성령 쇄신 모임), RCIA, 중년을 위한 영성, 토마스 머튼, 집중 기도(centering prayer), 존 마린이 인도하는 명상(meditation) 등과 같이 어떤 특정한 영성을 증진하기 위한 산업이 생겨나고 있다.

그리고 기독교 영성의 전문화 현상도 일어나고 있다. 그중 두 가지를 예로 들면, 전 세계에 걸쳐 영성 지도자들의 전문 단체인 국제 영성 지도자 협회(Spiritual Director International)가 있고, 피정 인도자와 참석자들로 구성된 국제 조직인 국제 피정 협회(Retreats International)가 있다.

오늘의 영성에 있어서 이런 전문화 경향은 20세기 말 여러 가지 새롭고 복잡한 문제들로 고통당하면서도 그리스도 안에서 살아가려는 사람에게 필요한 것이다. 그러나 전문화의 규범에 관심을 쏟음으로 인해 성령의 자유롭고, 임의적인 역사를 조정하려는 위험은 항상 도사리고 있다.[19] 이의 해결 방안은 전문성을 존경하는 것과 자유롭게 운행하시는 성령 사이에 균형을 유지하는 것이다.

그리고 과학과 기술이 기독교 영성에 끼친 영향에 대해서는 그리 충분한 관심을 쏟지 않았는데, 이 분야는 앞으로 더 성숙하고 진지한 연구가 이루어져야 한다.

---

19) 이런 경향에 대한 간략한 비평은 Kenneth Leech, "Is Spiritual Direction Losing Its Bearings?" *The Tablet* 247/ 7971 (22 May 1993). P. 634.

문제점

앞에서 기독교 영성 전통 속에는 장점과 약점 모두가 있다고 이미 언급했다. 현대 영성의 경향을 개관하면서 그 장점에 초점을 맞추었는데, 이는 과거의 접근법이 가진 약점의 시각에서 볼 때 더욱 두드러지는 것이었다. 그러나 영성에 대한 현대의 몇 가지 접근법에는 고찰해야 할 문제점이 있다. 이 문제점은 현재 우리가 살고 있는 문화에 대한 반영이고, 따라서 이것들이 전반적인 영성에 영향을 주었고, 특히 기독교 영성에 큰 영향을 주었다.

예상대로 몇몇 특이한 사상들이 기독교 영성의 경향과 관점에 변화를 가져왔다. 한편에서는 영적인 경험의 자유로움을 인정해 왔고, 다른 한편에서는 MBTI나 에니어그램과 같은 도구를 사용해서 풍부하고 다양한 영적인 경험을 체계화하려고 했다. 양쪽 모두 진지한 고찰과 분별을 회피했다. 이런 경향은 오늘날 기독교 영성 분야에서 모두 깊이 동의하고 있는 심각한 문제들이 있음을 나타낸다.

그리스도인의 영성생활에 대한 현대의 경향과 관점이 더 통전적이고 통합적인 접근법을 강조하고 있다고는 하지만, 일반적인 생각은 아직도 영성은 주로 영혼의 삶, 내면의 삶, 기도 생활, 영적인 삶과 같이 그리스도인의 삶에서 분리된 어느 한 부분에 관심을 두고 있다.

영성생활을 내면적인 삶과 동일시하는 이런 경향은 특별히 오늘날 이 시대에 일반적인 생각이 되어버렸다. 과거 결집력이 있는 세계관과 소속감을 주었던 종교 전통들은 이제 더 이상 소속감을 주지 못하고 있다. 그리고 과거와 달리, 예배, 성경, 종교 전통 등도 이제 더 이상 일체감, 분명함이나 안정감을 주지 못하고 있다. 그리고 의미 있는 바깥세상은 믿을 수 없게 되고, 곧 붕괴할 것처럼 불안해져서 점점 더 내면으로, 자아의 더 깊은 곳으로 들어가게 되었다.

이웃, 사회, 교회의 관습이나 전통에 의해 형성되었던 개인의 정체성은 반종교적(disaffected)이고 제도적인 종교에 관심을 두지 않는 영성에서 찾게 되었다. 이런 경향은 마리아가 나타났다는 체코의 메주로리(Medjugorje)로 비행기를 타고 가거나, 마리아 수도회(Blue Army)에 가입하고, 뉴에이지의 빛 아래 사는 후기 크리스천들(post-Christians)과 같은 것에서 발견된다. 이 두 경우 모두 영성은 내면의 감정과 상상력의 세계에 초점을 맞추고 있고, 지루한 일상적 삶과 과도한 직장 업무와의 통합이나, 사회 정치적 책임 또는 경제적 공평성을 확립하는 것에는 극히 관심이 없다.

그리고 오늘의 기독교 영성에 대한 접근법 가운데 더 큰 문제점은 자기도취에 가까운 자기 몰두이다. 이는 "나의 영적인 삶"이나 "나의 기도 생활"이라고 떠들며 말하는 데서 찾을 수 있다. 이 자기중심적 성향의 원인을 계몽주의 이후 인간론에서 찾든지, 아니면 북미의 개인주의적 문화에서 발견하든지 간에, 기독교 영성은 길고 깊은 역사에서 개인의 자기중심적 성향에 많은 괴롭힘을 당해 왔다는 것을 인식해야 한다.

통찰력 있고, 박식하고, 균형 잡힌 어거스틴 같은 사람에게 비난의 화살을 쏘는 것은 그리 어울리는 것 같지 않다. 어거스틴의 신학은 서구 기독교 영성사에 깊고, 영원한 영향을 주었다. 어거스틴이 이를 의도했는지는 확실치 않지만, 그가 주장했던 신학 사상과 인간 자아를 향해 하강함으로써 하나님께로 상승한다는 이론은 그리스도인의 삶에 존재하는 관계적이고, 공동체적인 차원에 대해서 입을 다물고 있다. 그의 삼위일체에 대한 신학 사상은 하나님의 내적인 삶 즉, 아버지와 아들과 성령 간의 관계에 초점을 맞추었다. 어거스틴은 인간이 이성과 의지와 기억으로 구성되었다는 인격 심리학에서 생성된 삼위일체의 이미지를 선호했다. 그는 개인의 영혼 구조는 삼위일체를 반영하는 것이라 믿었다. 그래서 자신을 알게 되면 하나님을 알게 된다고 주장했다.

영성생활에 대한 현대적 접근법은 대부분 하나님의 내적인 삶을 강조하는 삼위일체—이는 개인의 내면적 삶을 반영한다—에 그 뿌리를 두고 있다. 하나님을 안다는 것은 더 깊은 내면의 여행을 통해 자아를 안다는 것이다. 이런 무분별한 개인적 영성에 대한 추구는 자아도취적인 자기 몰두와 자기 집착을 가져오는 위험이 있다. 인간의 인격이 하나님의 자기 계시가 일어나는 독특한 장소라는 어거스틴의 주장은 옳다. 그리고 인간이 하나님의 형상과 모양으로 창조되었기 때문에 인간 안에서 이 하나님의 형상을 보려는 것도 자연스러운 일이다. 그러나 창세기 2, 3장이 말하고 있는 것은 이 하나님의 형상이 남자와 여자의 관계 속에서—이는 소외된 인간을 넘어서는 하나님의 형상이다—발견된다는 점이다.

최근 치료(therapeutic)가 영성생활을 이해함에 주된 틀로 등장함으로 영성의 핵심적인 체계인 구원론이 사라져 가고 있는 것 같다. 어떤 영성 학파에서는 MBTI의 성격 유형이나 에니어그램이 사실상 영성과 동의어가 되어 버렸다. 그 결과 영성은 별로 볼일이 없는 단어가 되어 버렸다. 그리스도나 그리스도의 신비에 관한 말은 그 힘을 점점 잃어가고 있고, 대신 "자신의 분노와 대면하라", "친밀한 시간"의 중요성이나 "자신을 돌보는 것의 중요성" 같은 목소리가 영성의 중심이 되고 있다.

의심할 것 없이, 현대 기독교 영성의 발전 중에서 도움이 되는 것은 인간 발달과 영성 발달이 상호 보완적이라는 선언이다. 심리학 특히 발달 심리학이 주는 통찰력은 인간의 삶과 영성적 삶에 있어서 그 역동성을 이해하는 데 가장 유익하다.

그러나 기독교는 심리학 이상이다. 크리스천을 움직이게 만드는 소망은 무의식 세계로 더 깊이 침투하여서 삶의 문제를 대면한다고 생기는 것이 아니다. 도리어 그리스도의 은혜 속에 있는 미래 회복에 대한 약속과 개인의 상처와 약점, 연약함과 취약성을 치유하는 회복의 약속을 바라볼 때 생겨난다.

기독교 영성이 안고 있는 이런 문제점은 아마도 그 밑바닥에 깔린 하나님을 실용주의적으로 바라보는 것 때문이다. 내 친구들과 동료들, 그리고 교인들은 기도하는 것을 잊는 날은 하루가 잘 돌아가지 않는다고 이야기하곤 한다. 그들에게 있어 하나님은 영성생활을 계발하는 데 있어 하나의 도구이고, 기도 또한 그것을 이루는 멋진 수단에 불과하다. 비개인중심적이고, 비자기치료적인 영성인 강하고 분명한 사회 정의를 지향하는 해방신학적 영성에 속한 사람들도 하나님을 어떤 특정한 사회 프로그램을 가져다주는 수단으로 생각하고 있다. 이렇게 왜곡된 영성들 앞에서, 진정한 영성은 우리에게 하나님을 단순히 하나님됨으로 믿을 것을 도전하고 있다.

이 지구상에는 삼위일체에 뿌리를 두고, 성육신과 성령에 따라 사는 영성은 오직 하나뿐이라는 느낌이 있다. 그러나 그와 동시에 기독교 영성사에는 영성생활에 대한 매우 다양한 접근법으로 가득 차 있어서, 프란시스코 교단, 예수회, 부정의(apophatic) 기도, 프랑스 학파 등 서로 다른 영성이 존재하고 있다. 또한 현재는 각 개인이 기독교의 복음을 구체화한 많은 영성이 있다.

오늘날에는 각 개인이 기독교 복음을 체화할 수 있고, 흑인 전통에서 말하고 있는 "너의 하나님이 너에게 무엇을 해주었느냐? 와 같이 다양한 영성들로 포화 상태를 이루고 있다. 그래서 오늘날에는 매우 다양한 여러 영성들이 존재한다. 예를 들면, 중년의 위기를 다루는 영성, 노년과 이혼과 별거의 영성, 독신자 영성과 수도자 영성, 목회 영성과 목회자 영성도 있다. 또한 흑인 영성, 라틴계 영성, 여성 영성, 남성 영성도 있다. 그리고 성례전적 영성을 강력하게 주장하는 사람들도 있다.

문화의 차이, 사회적 위치의 다양성, 그리고 서로 다른 삶의 정황은 영성에 있어 다양한 접근을 해야 할 필요가 있음을 말해준다. 즉, 어느 한 문화권에 살면서 다른 문화들과 관계를 맺고 있고, 또한 각 나이에 따른 긴급한 필요와 요구를 가진 사람에게서 역사하시는 성령의 활동에 대해 다양하게 접근을 시도해야 한다.

그러나 이렇게 범람하는 영성이 영성생활—삶의 상황과는 상관없이 세례의 은총에 의해서 모든 신자가 참여하는 영성—에 대한 일반적인 접근법의 요소들을 간과하지 않았는지에 대해서는 분명치 않다. 분명히 말하면, 어떠한 특정한 영성이 모든 영성의 뿌리이자 서로 밀접하게 결합되어 있는 영성의 기반을 혼란스럽게 해서는 안 된다.

교정책: 십자가

오늘날 기독교 영성을 괴롭히고 있는 여러 가지 문제점들에 대한 해결책은 없는가? 기독교 영성에 있어서 십자가는 묵상과 영적 식별에 있어서 가장 중심이 되었고, 위에서 언급한 여러 함정을 분별해내는 잣대가 되었다.

모든 기독교 영성은 영성의 시금석과 표준이 되는 부활의 신비—예수의 수난과 죽음과 부활—를 가지고 있다. 깊은 영성을 개발하려는 사람에게 닥친 시급한 도전은 어떤 영적 경험이 마치 기독교적인 삶과 가르침으로부터 풀려나서 자유분방하게 되는 경향을 피하는 것이다.

따라서 광범위한 영적 경험을 그리스도의 죽음과 부활이라는 구속적 신비 속으로 통합시키는 작업이 필요하다. 그러나 이와 동시에 과거 영성을 이해했던 방식에서 볼 때 그 기준에 맞지 않거나, 또한 그리스도의 십자가와 구속의 틀에 들어가지 않는 참된 기독교 영성 경험을 분별하고, 그것을 표현하는 방법을 찾아내야 한다.

무엇보다도 그리스도 안에서 사는 모든 사람의 책임은 과거 교회 역사 가운데에서 찾아볼 수 없었던 새로운 성령의 역사와 그 구속적 신비의 가장 두드러진 표징을 현실 속에서 계속해서 찾아내는 일이다.

최근 기독교 영성의 접근법들 가운데 중요한 업적 중 하나는, 잊혔던 전통들과 관심을 받지 못하고 역사 속에 사라졌던 영적 전통을 회복한 것이다. 현대의 접근법에서는 대안적인 경험에 참여하는 것을 강조했고, 교회와 사회의 변두리로 밀려난 사람들의 삶에 주의를 집중했으며, 이들 민중의 삶 가운데와 자아의 외곽 차원에 나타나는 하나님의 자기 계시를 발견하는 것을 강조했다. 따라서 참된 기독교 영성의 삶을 추구하려는 사람들의 과제는 이런 광범위한 영적 경험을 십자가의 신비라는 관점에서 통합하는 방법과 이를 표현하는 방법을 발견하는 것이다.

그러나 이런 회복 작업이 현대의 몇몇 영성의 경향에 큰 어려움을 주고 있다. 그 한 예로, 기독교 여권 신장론자들에게는 강한 가부장적 신관과 예수 그리스도의 십자가를 통한 구원(영성 접근법의 특징)은 큰 짐이 되고 있다. 또한 과거뿐만 아니라 현재에도, 다양한 방법과 형태로 나타나고 있는 십자군의 상징이었던 십자가도 넘기 힘든 장애가 되고 있다. 구원에 있어서 억압적인 상징은 백인 문화도 아니고, 서구인도 아닌 흑인 예수에 대한 이미지를 주었고, 또한 경멸받고, 거부 받는 하나님의 연민(Compassion of God)—상처받고, 억압받고, 별 볼일 없는 사람들과 동일시해서 죽으시고 음부에까지 내려가심—이라는 이미지를 주었다.

기독교 영성은 자유롭고 쉬운 것이 아니다. 그리스도 안에서 풍성한 삶을 살기 위해서는 주의 깊은 분별과 고찰이 필요하다.

결론

이 장에서는 오늘의 기독교 영성 가운데 두드러진 경향을 살펴보았다. 그중 몇 가지는 제2차 바티칸 공의회가 내린 신학적 방향에 근거한 것이고, 또 어떤 것들은 다른 근원에 기초한 것이다. 이런 여러 가지 영성의 발전에 관심을 기울인 것은 참된 기독교 영성은 반드시 이런 차원들을 가지고 있어야 한다는 것을 의미하려는 것이 아니다. 도리어 교회와 세상에서 역사하시는 성령의 다양하고 놀라운 방식에 그리스도인들은 더 깊은 관심을 기울이자고 제안한 것이다. 그리고 몇몇 영성의 경향들 속에는 벼와 가라지가 함께 섞여 있으므로 항상 지혜로운 분별과 신중한 판단이 필요하다. 이것을 위해 도움이 되는 것이 영성을 연구하는 것이다. 다음 장에서는 기독교 영성을 연구하는 다양한 방법에 대해서 다룰 것이다.

제6장

기독교 영성학

오늘날 영성의 중요한 발전 중 하나는 영성 연구가 하나의 학문적 체계로서 출현한 것이다. 오늘날 "기독교 영성"이라는 단어는 삶의 경험뿐만 아니라, 이 경험에 관한 체계적인 연구를 가리키는 것으로 인식되고 있다. 이번 장에서는 기독교 영성을 연구하는 다양한 방법들과 기독교적 신앙 체험을 이해하는 다양한 접근법을 설명하고자 한다. 그렇다고 너무 학문적이고, 이론적인 주제만을 다루지는 않을 것이다. 도리어 기독교 영성을 이해하는 것이 기독교 영성생활에 대한 진지한 접근법 가운데 가장 중요한 부분이라는 것에 집중하려고 한다. 일단 영성의 삶이 이해되면, 그때 이에 관한 학문적 연구가 필요하게 된다. 영성 연구는 알곡과 가라지를 분리하는 데도 도움이 된다. 특히 오늘날처럼 영성의 윤곽을 잡는 데 있어서 이 분별 작업이 가장 중요하다. 영성 신학자들이 주는 통찰력은 영성을 이해하려고 하는 사람과 영적으로 성장하려는 사람 모두에게 큰 도움이 될 것이다.

이번 장에서 영성 신학자들이 영성이라는 커다란 주제에 대해서 무엇이라고 말하는지 초점을 맞출 것이다. 기독교 영성 연구의 발전에 공헌한 사람들 가운데 그 중 산드라 슈나이더즈(Sandra Schneiders)가 영성 연구에 대해서 가장 명확한 접근법을 제공했다. 이번 장이 기독교 영성 연구에 주된 초점을 맞추고 있지만, 대부분의 영성 연구는 다양한 영적 체험—이에서 그리스도인의 영성적 경험이 최상으로 이해된다―을 다루고 있다는 점을 처음부터 짚고 넘어가야 한다.

영성 연구가 오늘에 이르러 확실한 학문적 영역으로 출현했다고 해서 이것이 과거에는 영성이 진지하게 연구되지 않았다는 뜻은 아니다. 과거 교역자들의 서가에는 『신학 교리 교본』, 『신학 윤리 교본』, 『수덕-신비 신학 교본』 등의 책들이 꽂혀 있었다. 그리고 영성의 표준 교과서 격인 퀴베르트(Guibert), 가리구 라그랑게(Garrigou-Lagrange), 탠쿠에리(Tanquerey) 등과 같은 신학자들의 책들이 있었다. 영성의 삶과 수덕의 삶에 대해 실제적인 지침서로 여기는 이런 영성 도서들은 체계적이고 학문적인 영성 연구의 결과였다. 그렇지만 최근에 성령 체험에 대한 경향과 관점들이 바뀌면서 영성에 대한 새로운 사고와 이에 대한 통합의 필요성이 생기게 되었다. 그 후, 성서, 윤리, 성례전, 조직 신학의 연구 부분에 있어서 새로운 방법과 접근법이 생겨났고, 영성 연구에서도 마찬가지였다.

영성은 이제 더 이상 교역자들이나 수도자들만이 충만한 영성의 삶을 살도록 부름받았다든지, 결혼한 자는 성령 안에서 성숙하고 발전하기 위해 독신이 되어야 한다는 생각에 얽매이지 않게 되었다. 많은 사람과 그룹은 다양한 상황에서 역사하시는 성령을 발견하게 되었다.

그리고 최근에는 영성 연구에서 다루게 되는 영성의 한계와 범위(내용), 그리고 단계(방법)에 대해서 많은 관심을 기울이게 되었다. 영성 연구에 있어서 학자들은 서로 연관된 다음 두 가지 질문에 대답하는 것에 많은 관심을 집중시켜 왔다. (1) 영성 연구는 무엇을(what) 연구하는 것인가?; (2) 그리고 어떻게(how) 실천하는가? 이런 질문과 씨름하는 가운데 영성이란 무엇이고, 영성 연구의 가장 좋은 방법이 무엇인지에 대해 서로 다른 접근법이 생겨났다. 영성 연구에 있어서 "무엇을", "어떻게" 할 것인가가 분명해짐에 따라서 목회자들과 신학자들 사이에서 영성이 하나의 학문 체계로 인식되게 되었다.

학문적인 영성 연구에 있어서 그 방향은 영성사, 경험과 전통의 다양성에 대한 인정, 그리고 그동안 외면해 왔던 것들로 향했고, 느리지만 다양한 영성 이해에 대한 접근법이 생겨났다. 산드라 슈나이더(Sandra Schneiders), 월터 프린시프(Walter Principe), 버나드 맥긴(Bernard McGinn), 조안 올스키 콘(Joann Wolski Conn) 등은 서로 독특한 방식으로 신학 방법론을 학문적인 영성 연구에 도입했다.

그런데 그들의 노력에도 불구하고 아직도 영성 신학은 신생 학문에 머무르고 있다. 필수 신학으로 취급되고 있는 조직 신학과는 달리 영성 신학은 그 내용이 가볍고, 그 방법은 분명치 않다고 종종 평가되었다. 그 이유는 아마도 영성 연구의 중요성을 알고 있으면서도 성령의 임재 가운데 그리스도 안에서 사는 것 자체가 그것을 학문적으로 연구하는 것보다 더 중요하다고 전반적으로 생각해 왔기 때문이다. 영성 신학자들도 영성의 삶을 사는 것이 그것을 연구하는 것보다 더 중요하다고 믿고 있다.

최근의 조직 신학자들은 경험을 계시와 하나님과의 관계가 이루어지는 곳으로 인식하게 되었다. 칼 라너(Karl Rahner), 에드워드 쉴레벡(Edward Schillebeeckx), 구스타보 구티에레즈(Gustavo Gutierrez) 등 몇몇 신학자들은 자신들의 신학을 뛰어넘어서 영적인 경험을 이해하는 방법과 이에 따른 새로운 영성들을 만들어냈다.

몇몇 신학자는 윤리신학이 실질적인 그리스도인의 삶에 관해 신학적인 탐구를 하는 분야이기 때문에 영성신학은 윤리신학의 큰 테두리 속에 귀속

되어야 한다고 주장하고 있다. 기독교적 관점에서 보면, 선한 삶을 살기 위해서는 개인적인 기도와 공동체적인 기도가 필요하고, 그와 동시에 선하게 살려는 인간의 노력이 기도의 내용을 형성하고 있는 것도 사실이다.[1]

조직신학(또는 윤리신학)과 영성신학이 어떤 관계에 있는지 그 분명한 본질에 대한 물음이 영성 연구의 내용과 영성을 최대한으로 이해하기 위한 전략 등을 찾는 작업에 촉매작용을 일으켰다. 그런데 영성 연구를 조직신학이나 윤리신학의 감독권 내에 두려는, 더 심하게는 그 속으로 밀어 넣으려는 경향에 대해 경고해야 한다. 영성신학이 윤리신학의 하부 구조에서 빠져나온 후에 구체적인 연구 영역을 발견함으로써 자신의 위치를 찾으려고 한다면, 영성신학은 다음 한 가지 중요한 질문에 분명하게 대답해야 한다: 기독교 영성신학이 연구하려는 것이 무엇인가? 이 질문은 또한 이 주제에 어떻게 접근할 것인가 하는 문제와 관계가 있다.

다른 학문과 특징짓는 영성신학만의 독특한 연구 영역이 무엇인지 밝히기 위해서 다음과 같은 몇 가지 특징을 열거할 수 있다.

기독교 영성은 무엇을 연구하는가?

기독교 영성 신학이 연구하는 주제는 주로 그리스도인의 신앙 경험이다.

---

1) 도덕 신학과 영성 신학 사이의 상호 관계에 대해 잘 다룬 책은, Mark O'Keefe. *Becoming Good, Becoming Holy on the Relationship of Christian Ethics and Spirituality*. Mahwah, NJ: Paulist, 1993을 참조하라. 또한 Dennis J. Billy and Donna L. Orsuto, eds., *Spiritualty and Morality: Integrating Prayer and Action*. Nlahwah, NJ: Paulist, 1996.

더 분명히 말하면, 경험으로서의 그리스도인들의 영적인 삶에 관심을 가진다. 이런 논지에서 보면, 이 경험은 그리스도인들의 경험이기 때문에 신학적인 통찰력과 정확성이 이 연구의 핵심 부분이 된다. 그리고 이것은 영적이므로 이 연구는 인간의 영과 하나님의 영에 동일한 비중을 두면서 이것들을 포함해야 한다.

또한 이것은 삶에 관심을 가지기 때문에 희귀하고, 비일상적인 현상이 아닌, 존재 차원으로서의 삶의 모든 부분에 초점을 맞춘다. 그리고 이것은 주로 경험에 관심을 두기 때문에 인간 경험의 모든 차원인 감정적, 인지적, 공동체적, 개인적 차원의 경험에 집중한다. 분명히 기독교 영성의 연구는 개인의 궁극적 가치나 최고 가치라는 빛 아래서 인간의 자기 초월 경험과 개인의 인격 통합에 관심을 두고 있으므로 인간 삶의 모든 차원은 이 범위 가운데 속하게 된다. 이 범위 내에서 모든 개인 통합 작업은 눈에 보이는 현실 세계만이 아닌, 눈에 보이지 않는 영적인 세계를 포함하는 다중적인 세계관 안에서 이루어지게 해야 한다.[2]

따라서 복잡한 이 연구를 어느 한 학문이 모두 맡아서 할 수 없다. 그래서 영성 신학은 인류학, 사회학, 미학, 언어학, 심리학, 역사학 등으로부터 통찰력을 빌려야 하고, 반드시 서로의 영역을 포함하는 학제간 학문이 되어야 한다.[3]

---

2) Sandra M. Schneider는 기독교 영성 연구에 대한 공식적이고 구체적 목적을 "기독교 영성 연구에 대한 해석학적 접근법"에서 밝히고 있다. *Christian Spirituality Bulletin* 2/1, (Spring 1991), pp. 914.

3) Van A. Harvey. *The Historical and the believer: The Morality of Historical Knowledge and Christian Belief.* Philadelphia: Westminster.

그러나 여기에 주의해야 할 것이 있다. 그물망을 너무 넓게 벌려서는 안 되고, 영성이라는 단어가 광범위한 영역에 있는 어떤 실체를 묘사하게 되어 구체적인 영성을 가리키지 못하고, 그것을 분명하게 표현하지 못해서는 안 된다.

영성 신학의 구체적인 내용인 무엇을 연구하는 것인가와 관련해서는 사뭇 분명해지는 것이 있다. 그러나 아직도 분명하고, 깔끔하게 정의 내리지 못하는 복합적인 실제인 "경험"(experience), "영적인"(spiritual) 등과 같은 단어에 대해서 그 의미를 명확히 정의해야 한다. 이는 새로운 학문 영역인 영성 신학에서 아직도 어느 정도 애매한 부분이 있다는 인식이다. 그래서 어떤 이들은 이러한 명확함이 없어서 슬퍼하는 경향도 있지만, 이것을 적극적인 측면에서 이해해 보면, 영성 신학의 발전 단계에서 명확함이 부족한 것은 이미 예상됐다. 왜냐하면, 영성 신학의 초점은 쉽게 개념과 언어로 표현하지 못하는 육중하고, 역동적인 실체인 경험으로서의 영적인 삶에 맞추어져 있기 때문이다.

현재까지 영성, 또는 기독교 영성이라는 용어에 대해서 모든 사람이 수용할 만한 정의는 없지만, 다음과 같이 간략하게 묘사해 볼 수는 있을 것이다. 기독교 영성 신학은 하나님과의 관계 속에 있는 인간에 관심을 가진다. 이것이 모든 신학이나 종교학에서 관심을 두는 것이라고 말할 수 있겠지만, 영성 신학의 구체적인 관심은 주로 하나님과의 관계 속에 있는 인간의 관계적(relational)이면서 개인적인(personal) 차원—사회적이고 정치적인 차원

1966, pp 38-67, especially pp. 54-59.

을 포함하는—에 초점을 맞춘다.

과거 신앙 체계(credenda, 믿어야 될 것, 교리 신학과 조직 신학의 영역)와 실천 체계(agenda, 믿음의 결과로 행해야 할 것, 윤리신학의 영역)를 분리한 것은 겉보기와는 달리 그리 명확하지 못했다. 영성 신학은 그리스도인이 마땅히 살아야 할 실천 체계(agenda)에 관한 관심을 가졌던 윤리신학으로부터 발전되어 나왔다.

그러나 영성 신학의 관심은 신앙의 내용(credenda)을 포함할 뿐만 아니라, 하나님과의 관계에서 그리스도인이 실천해야 할 삶(agendum)의 전체 영역에 관해서도 관심을 가졌다. 그래서 성서 신학, 조직 신학, 윤리신학, 목회신학, 예배 신학과 영성 신학이 갖게 되는 관계에 강조점을 두었다.

영성 신학이 조직 신학이나 윤리신학과 다른 점은 인간의 실제 삶에서 하나님과 갖는 관계의 역동적이고 구체적인 성격에 있다. 그리고 이 하나님과의 관계는 신앙생활 속에서 성장하고 발전하고, 따라서 이 관계는 삶의 전체 차원을 포괄한다. 기독교 영성은 단지 신앙적 개념이나 의무 조항이 아닌, 주로 신앙 경험에 관심을 둔다.

최근에 이르러서 영성 신학은 학제간 학문이 되었다. 영성 신학자들은 사회학, 역사학, 경제학, 특히 심리학 같은 다른 학문 영역들로부터 통찰력들을 빌려왔고, 이들 학문은 영성을 더 깊이 이해하는 데 도움을 주었다. 또한 에큐메니칼과 종교 간의 대화를 통해 얻은 결과 역시 영성을 이해하는 데 영향을 주었다.

영성 신학에서 무엇을 연구하는지를 더욱 명확한 결론을 맺기 위해서 저자는 영성 연구의 일곱 가지 핵심 사항을 확정했다. 이 일곱 가지 핵심 사항은 영성 신학을 연구하는 사람에게 발을 딛고 설 땅을 제공해 준다.

영성 연구를 위한 핵심 사항

학문 체계로서의 기독교 영성은 한 개인이 체험한 기독교의 영성생활에 관심을 가진다. 다른 말로 하면, 기독교 영성은 인간의 영과 상호 긴장감 있는 관계에 있는 성령의 역사에 관심을 둔다. 이것은 (1) 문화(within a culture); (2) 전통과의 관련성(in relation to a tradition); (3) 당시의 사건, 희망, 어려움, 약속들(in light of contemporary events, hopes, suffering and promises); (4) 예수 그리스도에 대한 회상(in remembrance of Jesus Christ); (5) 관상과 행동의 결합(in efforts to combine elements of action and contemplation); (6) 은사와 공동체에 대한 존경(with respect to charism and community); (7) 실천으로 표현되고 인증됨(as expressed and authenticated in praxis) 등의 배경에서 이루어진다.

저자가 제시한 위의 틀은 영성을 학문적인 차원에서 연구하려는 사람이나, 아니면 단순히 자신의 영성이나 타인의 영성, 또는 과거의 영성이나 현재의 영성을 깊이 있게 이해하기를 원하는 사람들이 사용할 수 있는 것이다. 그런데 영성에 관한 연구가 단지 기록된 문서만을 조사하는 것이 아니라는 사실을 밝혀야 할 것 같다. 기독교 영성의 풍부함 가운데 하나가 영적인 삶의 경험을 여러 장르로 표현한 문서임은 분명하다. 그런데 단지 기록된 문서만을 고찰하는 것은 중요한 것을 너무 많이 놓치는 것이다.

따라서 성경 본문이나 신학 도서를 조사한다든지, 성인전, 하늘을 향해 눈을 쳐들고 있는 성화, 종교적인 의복이나 종교 음악, 교회 건축물, 조각상, 성당의 스테인드글라스, 춤, 성례전의 제정 등을 살펴볼 때, 위의 일곱 가지 핵심 사항으로 영성 연구를 하는 목적을 분명히 하는 것이 도움이 될 것이다.

따라서 "최후의 만찬이 그려질 당시의 문화는 무엇이었는가?"라고 물을 수 있다. 만일 어떤 사람이 덕에 대한 논문을 읽고 있다면, "이 본문에 나타나 있고, 부합되고, 이탈되는 종교적, 신학적 전통은 무엇인가?"라고 질문할 수 있다. 또한 종교 음악이 작곡되었을 당시에 일어났던 중요한 사건, 희망, 고난, 약속들은 무엇인가? 그것이 어떻게 이 음악을 반영하고, 묘사하고, 평가하고 있는가? 이 청동상에서 그리스도에 대한 회상(memory of Christ)은 어떻게 나타나고 있고, 그리스도에 대한 주된 이미지는 무엇인가? 손에 책을 들고 있거나, 예수를 품에 안고 있거나, 손을 들어 기도하고 있는 성모 마리아의 모습이 그려진 스테인드글라스에서 관상과 행동의 관계는 어떻게 묘사되고 있는가? 여자 수도사들이 수도복을 입고 있는 것은 은사(charism)와 공동체(community)에 대해 어떤 이해를 주는가? 그리고 현대 여자 수도자들이 서로 다른 수도복을 입고 있는 것은 은사와 공동체에 대해 어떤 이해를 주고 있는가? 이런 것들은 단지 어떤 특정한 개인이나 단체, 과거나 현재의 영성을 연구하는 데 있어 제기할 수 있는 질문들이다.

그렇다면 영성사에 있어서 어느 한 인물의 저작이나 생애를 연구하려고 할 때, 이 일곱 가지 핵심 사항이라는 틀로 어떻게 그 작업을 할 수 있는가?

한 가지 예를 든다면, 아씨시의 성 프란치스코의 생애와 초기 프란치스코 수도회의 저작들에 초점을 맞추어 볼 수 있다. 성 프란치스코의 영성을 연구하면서 성 프란치스코가 예수를 어떻게 회상하고 있는지, 그리고 초기 프란치스코 수도회의 저작이나 경건 가운데 주된 예수의 이미지는 무엇인지(십자가에 달리신 가난한 예수)를 살펴볼 수 있다.

대조적으로 성 도미니크 구즈만(Dominic Guzman, 1170~1221)과 초기 도미니크 수도회의 전통에서는 예수가 어떻게 회상되고 있고, 어떤 예수의 이미지가 주를 이루고 있는지 살펴볼 수 있다. 유사점이 이들 사이에 존재하기는 하지만, 예수를 회상하는 방식에 있어서 성 도미니크와 도미니크 수도회 사이에 중요한 차이가 있고, 이것은 성 프란치스코와 프란치스코 수도회 사이에서도 마찬가지이다. 그리고 복음의 실천(제7 핵심 항목)에 있어서 도미니크 수도회의 방식인 설교, 가르침, 연구는 프란치스코 수도회의 방식과 어느 정도 다르다. 이는 부분적이긴 하지만 예수에 대한 회상과 주된 예수의 이미지가 두 수도회에서 서로 다르기 때문이다. 즉, 도미니크 수도회와 프란치스코 수도회가 각각 존재하는 것은 수도회의 중심에 자리를 잡고 있는 예수에 대한 핵심적인 이해가 서로 다르기 때문이다.

그리고 이것을 이어서 예수회의 저서에 적용해서 예수회가 가진 주된 예수의 이미지는 무엇이고, 이에 따른 실천 형태가 무엇인지를 살펴볼 수 있다. 그리고 현대의 영성 인물들인 도로시 데이(Dorothy Day), 로저 슈츠(Roger Schutz), 조앤 배니어(Jean Vanier), 토마스 머튼(Thomas Merton) 같은 사람들의 생애와 저술들에도 이것을 동일하게 적용해 볼 수 있다.

그리고 미국 가톨릭 신부의 경제에 관한 목회 서신인 『만인을 위한 경제 정의』(Economic Justice For All)와 같은 현대적 저서에 관심에 둔다면, 지금 이야기하고 있는 일곱 가지 핵심 항목의 관점을 가지고 이 문서에 나타나고 있는 문화(제1 핵심 항목)에 대해 생각해 본다면 큰 도움이 될 것이다.

자본주의, 소비주의, 실용주의가 만들어낸 문화 속에서 성령은 어떻게 역사하고 있는가? 체계적으로 어느 한 문화를 소비하면서 그 문화 사람들을 점점 더 가난하게 만드는 경제 구조 속에서 성령이 역사하는 자리는 과연 어디인가? 경제 불안을 가진 문화들끼리 서로 갈등하고 있는 현실 속에서 복음을 실천하는 데 성령은 어떻게 표현되고, 인증되고 있는가?

또 다른 현대의 저서나 인물, 운동들 가운데 특히 기독교 여권주의 영성 (feminist spirituality)의 운동을 연구한다면 여권주의 영성에 있어서 전통의 역할(제2 핵심 항목)은 무엇이었는지 살펴볼 수 있을 것이다. 그동안 여성의 목소리와 경험을 침묵시키고, 하찮은 것으로 만들어 버린 기독교 전통 가운데 성령은 어떻게 역사하셨는가? 이런 전통을 의도적이고 체계적으로 제거함으로써 이 전통에 저항하고 비평하고 거부하도록, 성령은 여성들에게 어떻게 역사했는가?

이 틀을 사용하면, 과거의 영성을 연구하든, 현대의 영성을 연구하든 상관없이, 복음의 실천이라는 매우 중요한 요소를 발견하게 된다. 이 복음의 실천은 성령의 역사가 표현되고 인증된(제7 핵심 항목) 것을 말한다. 과거와 현재, 개인 또는 수도 단체가 실행하고 있는 복음의 실천은 한 문화 속에서, 전통과의 관계에서, 사건, 희망, 어려움, 약속에 반응하고, 예수를 회상하는 다른 관점을 가지고, 행동과 관상을 조화시키면서, 다양한 은사와 다른 곳에 있는 공동체에 대한 존경 가운데 역사하시는 성령의 역사가 다르기 때문이다.

따라서 그리스도인의 삶, 또는 영성의 실천은 봉쇄 수도원에 있는 사람들과 가톨릭 근로자 하우스(Catholic Worker House)에 있는 사람들 사이에 서로 다르게 된다. 그 이유는 성령의 역사에 대해 반응하는 삶인 행동과 관상을 어떻게 통합시킬 것인지에 대해 이 둘이 서로 다르기 때문이다.

어디에(where) 서서 영성을 연구할 것인가 하는 위의 틀은 어떻게(how) 영성에 접근할 것인가 하는 문제와는 상관없이 사용될 수 있다. 즉 이것은 이제 다루게 될 기독교 영성생활을 어떻게 연구할 것인가 하는 문제이다.

어떻게 영성을 연구하는가?: 방법과 접근법

영성을 어떻게 연구할 것인가? 현재 기독교 영성을 연구하는 방법에는 적어도 네 가지 방법이 있다. 이는 신학적(theological) 방법, 인간론적(anthropological) 방법, 역사적(historical) 방법, 상관적(appropriative) 방법이다.[4]

위의 네 가지 방법은 제각기 나름대로 분명한 방법론을 가지고 있고, 어떤 결과(예를 들면, 기독교 영성생활에 대한 정의 같은 것)를 만들기 위해 예측이 가능하고, 반복적이고, 일정한 형태를 보인 분명한 단계와 절차들을 가지고 있다.

이 네 가지 방법에 첨가해서 저자는 아직 생겨나지는 않았지만, 기독교 영성에 대한 다섯 가지 다른 접근법을 찾아냈다. 이것들은 위의 네 가지 것들보다 방법론에서 덜 성숙하고, 따라서 과연 이 다섯 가지 접근법에 방법론이 있는지에 대해 논쟁의 여지가 있다.

이 다섯 가지 접근법은 그 중심에 자리잡은 핵심적인 관심 사항에 따라 붙여졌는데, 이는 (1) 여권주의(feminism); (2) 해방(liberation); (3) 생태학적 의식(ecological consciousness); (4) 문화 다원주의(cultural pluralism); (5) 한계성(marginality)이다.

---

[4] 나는 기독교 영성 연구를 위한 이런 네 가지 방법을 Sandra M. Schneiders 의 글 "A Hermeneutical Approach to the Study of Christian Spirituality"에서 인용했다. (*Christian Spirituality Bulletin* 2 1 (Spring 1994). pp. 9-11. 슈나이더는 네 번째 방법을 해석학적이라고 부르고 있는데, 나는 해석학적이라는 단어가 갖는 몇 가지 문제에 대해서도 잘 알고 있다. 나는 이것을 상관적 방법이라고 부르고 있는데, 이 방법의 목적이 해석과 적용보다는 적절한 의미를 통한 변형에 있기 때문이다.

이들 방법은 단지 방법론에 기초한 것이 아니라, 이들이 가진 핵심적인 관심 사항에 기초해서 생겨났다. 예를 들면, 여성 신학자들은 자신들의 특별한 관점을 가지고 신학적, 역사적, 인간론적 방법론 등을 사용하고 있고, 이는 해방 신학자들에게도 마찬가지다. 기독교 영성을 연구하는 현 발달 단계에서 이들 다섯 가지 방법이 매우 가치가 있다는 것을 지적하고 싶다. 왜냐하면, 이들 접근법이 기울이고 있는 특별한 관심 사항들은 영성 연구에 있어 새로운 연구 방법과 고찰 방법들을 요구하고 있고, 그러면서 이것들이 훌륭한 방법론으로 발전될 수 있기 때문이다.

처음에 언급한 영성 연구에 대한 네 가지 방법론을 소개하는 데, 먼저 주의해야 할 사항이 있다. 그것은 기독교 영성을 이해하는 데 어느 한 가지 방법론이 그 자체로 완벽하지 않다는 점이다. 네 가지 방법론은 상호 보완적일 때 가장 최상이 된다. 예를 들면, 신학적 방법론은 반드시 역사 속에 있는 교회라는 맥락에서 인간 경험을 이해해야 한다. 이와 마찬가지로 역사에 초점을 맞추는 방법론도 역사 속에서 교회가 가지고 있었던 교리와 이것에 영향을 준 신학에 관해서 관심을 기울여야 한다. 영성을 연구하는 사람은 각 방법론이 가진 장점과 약점을 분명히 하고, 방법론적인 기술을 더 날카롭게 해야 하고, 다른 방법의 장점을 계속 발견해 나아가야 한다.

위의 네 가지 방법론은 그리스도인의 영성생활에 있어 어떤 특정한 차원의 경험을 강조하고 있다. 즉, 각 방법론은 그 중심에 핵심적인 관심 사항이 있다.

신학적 방법론

첫 번째 방법인 신학적 방법론은 기독교 전통에 가장 깊이 뿌리를 내리고 있는 것이고, 가장 널리 알려진 방법론이기도 하다. 이 방법론의 주된 관심 사항은 기독교 신앙의 실천 즉 그리스도 안에서 계시된 실질적인 방법으로 신앙을 적용하는 것이다.

영성생활이란 성령의 은혜를 통해서 실천하는 그리스도인의 삶이다. 이 방법론에서는 영성생활이 은혜와 성령을 통해서 인격이 점진적으로 변화되어가고, 새로운 피조물로 변형되어 가는 것으로 이해된다. 따라서 영성은 신학이나 윤리가 이미 개념으로, 이론으로, 원리들로 설정해 놓은 것을 실천하는 것이 되고, 조직 신학이나 윤리신학은 영성을 이해하고 실천하는 원리를 확립해 주는 것이 된다.

이 방법론의 중심에는 핵심적인 기독교 교리인 삼위일체, 그리스도, 교회, 성례전, 은혜 등에 대한 이해가 자리 잡고 있다. 이들 교리는 기독교 신비에 대한 전체 그림이며, 영성의 진정성을 평가하고 판단하는 기준이 되어왔다. 이것이 바로에 이 방법론이 갖는 진정한 장점이다.

그러나 영성은 이론, 개념, 원리, 의무 사항들에 우선적인 관심을 두는 것이 아니라, 주로 경험에 관심을 두고 있으므로 이 신학적 방법론을 사용할 때는 어떤 신학적인 전제가 영적인 경험이나 영성의 이해를 부당하게 압제하거나 규제하지 못하게 세심한 주의를 기울여야 한다. 왜냐하면 모든 영적 경험을 어떤 특정한 기독교 신학에 맞추어서 평가하는 경향이 있기 때문이다.

그래서 어떤 신학적 체계에 부합되지 않는 영적 경험이 있다면 이것은 즉시 추방되거나, 이 신학 체계에 부합되는 영성에 비해서 덜 영적이거나, 사이비 영성으로 취급되었다. 영성을 이해하면서 경험을 제일 우선순위로 두게 될 때—이는 모든 영성 연구의 접근법이 당연히 그래야 하는 것인데

―신학은 독재적으로 되거나, 경험을 판단하는 것이 되어서는 안 된다. 도리어 과거와 현재, 개인과 단체의 경험을 명확히 하고, 평가하고, 후원하고, 도전하고, 종종 교정하는 것을 도와주는 것이 되어야 한다.

그럼 신학의 역할과 기독교 영성의 역할은 무엇인가?[5] 기독교 영성은 조직 신학이나 윤리신학의 하부 체계가 아니다. 영성 신학은 이 두 신학의 감독권에서 벗어났고, 신학과 종교학에 속한 다른 학문과 함께 더 넓은 영역에서 새롭게 태어나고 있다. 영성 신학의 파트너로서 조직 신학과 도덕 신학은 영성 신학과 영성 연구 분야에 중요한 공헌을 했다.

만일 영성이 눈에 보이는 세계만이 아닌 눈에 보이지 않는 다중적인 세계와 최고의 이상과 궁극적인 가치의 빛 아래서 자기 초월과 인격 통합에 관심을 둔다면, 이 최고의 이상과 궁극적인 가치를 고찰하고, 형성하고, 전달하는 역할을 하는 신학은 영성 연구의 넓은 영역에 있어서 중요한 부분을 차지하게 된다.

이런 관점에서 신학과 영성과의 관계를 보게 되면 영성을 또다시 조직 신학과 윤리신학의 보호권 아래 두는 것을 옹호하지 않게 된다. 도리어 이 두 학문 사이에는 상호성과 비평적인 상호 관계가 존재한다는 것을 깨닫게 된다.

신학과 영적 경험 사이에는 대화가 존재한다. 신학은 경험을 판단하고,

---

5) 신학과 영성 사이의 관계에 대한 나의 견해는 Rowan Williams의 책, 특히 *The Wound of Knowledge: Christian Spirituality from the New Testament to St. John of the Cross*. London: Darton, Longman & Todd, 1979: Boston: Cowley, 1991에서 영향을 받았다.

경험은 신학을 확장한다. 즉, 어떤 신학은 어떤 특정한 경험을 하게 만든다. 예를 들면, 불교도들은 인격적인 하나님을 경험하지 못한다. 그러나 삼위일체 신학에 따라 신앙이 형성된 그리스도인들은 사랑 관계에서 인격적 교류를 하는 하나님을 더 잘 경험하게 된다. 따라서, 위의 경우에 신학이 영적인 경험에 대해서 독재적이지 않고, 도리어 강한 영향을 주었다고 느끼게 된다. 만일 신학과 영성 사이에 이런 대화 관계가 존재한다는 것을 깨닫게 되면, 신학만이 영성의 경험을 평가하고 후원하고 도전을 주고 비평하고 교정한다고 말할 수 없다. 도리어 영성생활에서 체험된 새로운 경험이 신학을 평가하고, 후원하고, 도전을 주고, 비평하고, 교정함으로써 신학 자체도 변화되고, 새로운 모습이 된다. 이 관계는 기독교 영성생활에서 새로운 경험들이 신학 작업에 있어서 새로운 접근법을 만들어내는 것을 보게 되면 더 분명히 이해하게 된다.

역사적 방법론

기독교 영성을 연구하는 두 번째 방법은 역사적인 방법이다. 이 역사적인 방법의 근본적인 신념과 방향성은 1900년 초부터 나타나기 시작한 기독교 영성 역사에 관한 연구에 의존하고 있다. 1932년에 착수해서 수십 년에 걸쳐 완성된 이 시대의 가장 기념비적인 저서인 『영성의 역사』 (*Dictionnaire de Spiritualite*)가 있다.[6] 이것에 이어 루이스 바우어(Louis Bouyer)

---

6) M. Viller, F. Cavallera, and J. de Guibert, eds. *Dictionnaire de spiritualité ascétique et mystique. Doctrine et histoire.* Paris: Beauchesne, 1932-1993.

와 동역자들은 기독교 영성에 대한 총괄적인 조사 작업을 실시한 『기독교 영성사』(A History of Christian Spirituality)를 출판했다.7) 몇 권으로 구성된 이 책은 영성의 전반적인 역사를 연대순과 그 내적인 발전까지 조사했다.

그러나 영성 역사에 대한 이런 총괄적인 조사 작업은 매우 복잡한 역사적인 발전을 너무 단순화하는 경향이 있다. 그래서 현대의 역사적인 방법론에서는 이런 총괄적인 조사 방법을 피하고, 대신 특정 인물이나 운동, 구체적인 주제나 이슈에 초점을 맞추고 있다.8) 그러나 이때의 초점은 종종 역사적인 본문에만 제한되는 점이 있고, 역사적인 본문을 그 상황 속에서 해석해야 하는 어려운 과제가 남는다.

이 역사적인 방법의 주된 관심은 앞서 살았던 인물들의 영적 체험을 설명해주고 있는 문서와 본문을 점검함으로써 참된 영적 체험에 접근해 가는 것이다. 이때의 신념은 이 문서들이 참된 영적 체험에 접근할 수 있는 가장 믿을 만한—유일한 것은 아님—통로를 제공한다는 점이다.9)

---

7) Louis Bouyer, et al., *A History of Christian Spirutalty*. 3 vols. New York: Seabury 19631-1969.

8) 기독교 영성 연구에 있어 역사적 방법을 사용한 좋은 예는 다음과 같다. Bernard McGinns의 네 권 중 처음 두 권, *The Presence of God: A History of Western Christian Mysticism*. Vol. 1: *The Foundation of Mysticism: Origins to the Fifth Century*. New York: Crossroad, 1992; Vol. II: *The Growth of Mysticism: From Gregory the Great through the Twelfth Century*. New York: Crossroad, 1994.

9) David Lonsclale와 Philip Endean는 *The New Dictionary of Catholic Spirituality*의 대한 전반적인 개념과 기법을 비판한다. 다음을 참조하라. Lonsdale, The Tablet (25 December 1993 1 January 1994), pp. 1706-1707, and Endean, The Way 34/3 (July 1994), p. 250, and Heythrop Journal

그리고 이 역사적인 방법론의 장점은 과거의 통찰력, 사고방식, 신념, 결점들은 구식이고, 우리의 경험에 관해 이야기할 것이 없다고 무시해 버리는 "현재주의"를 막아준다. 그래서 이 역사적인 방법은 오늘날 영성생활을 하는 것이 고립된 작업이 아님을 상기시켜 준다. 결국 우리는 앞서간 선진들과 연장선상에 서 있다. 그들의 경험은 우리의 경험에 빛을 비추어 주고, 교훈을 주고, 인도해 주고, 도전을 주고, 확인해 준다. 그래서 역사를 인식하고, 식별하는 작업은 영성을 연구하고 이해하는 데 있어서 필수적이다.

그러나 이 역사적인 방법론의 표현에 있어 문제점은 역사적인 문서나 본문들이 앞서간 인물들이나 단체들이 체험한 실제적인 영적 경험에 접근해 갈 수 있다는 전제이다.

그러나 사실은 그렇지 않다. 본문이 주는 것은 단지 영적인 경험을 표현하는 것뿐이다. 따라서 이 방법이 오직 과거의 문서나 본문에만 초점을 맞춘다면 그것은 너무 협소한 것이다. 학문으로서의 영성은 그물을 넓게 펼쳐야 하는데, 이유는 그리스도인의 영적 체험은 단지 역사적 문서로 표현된 기독교 영성사에만 국한되지 않는다는 인식이 있기 때문이다. 그러면 역사적인 문서나 본문을 벗어나서 기독교 영성을 연구하는 방법이 있는가 하는 질문이 생길 수 있고, 이에 대한 가장 적절한 대답은 분명한 긍정이다.

October 1994, pp. 471-472. 중요하기는 마찬가지이지만 비평에 있어 심하지 않은 것은 Jackie Hawkins의 *Priest and People* 8/12 (December 1994), pp. 489-490. 내 견해로 볼 때, 그들의 비평은 기독교 영성과 기독교 영성사 사이에는 분명한 일치가 있다는 기독교 영성의 이해에 뿌리를 둔 것이다. 그리고 이러한 견해는 특별한 것은 아니다.

인간론적 방법론

영성 연구의 세 번째 방법은 인간론적 방법이다. 이 인간론적 방법의 출발점은 신학적인 고찰이나 역사적 문서를 분석하는 것이 아닌, 인간 자기 경험이다. 이 방법의 가장 중심적인 관심은 영적 경험으로서의 인간 경험에 참여하는 것이다. 영적 경험으로서의 인간 경험이 영성 연구의 "자료"가 되기 때문이다. 인간 구조와 그 역동성은 지식과 자유와 사랑 안에서 자기 초월을 추구하도록 만들어졌다. 즉, 인간의 경험은 그 자체로 그리고 그 속에서 초월을 향해 가도록 방향 지워진 것이다. 그래서 진정한 인간 경험은 사실상 영적인 경험이다.

인간론적 방법에서 보면, 영성은 우리를 종교인 또는 그리스도인으로 규정짓기보다는 먼저 인간으로 규정짓는다. 이 관점에서 보면, 종교인 또는 그리스도인이 된 것은 인간의 자기 초월 능력—영성의 한 표현—의 실현(actualization)이다. 이처럼 광범위한 기초를 가진 인간론적 방법에서는 기독교 영성을 단지 인간의 영이나 인간 영성이 실현되었다고 보는 종교 영성의 한 구체적인 표현이 된다. 가장 보편적이고, 포괄적이고, 진보적인 표현에서 기독교 영성을 보면, 그것은 '단지' 인간 영성에 불과한 것이다.[10]

이런 시각에서 보면, 영성은 인간 삶의 한 요소이다. 인간의 참된 본질은 자기 초월과 인격 통합을 지식과 자유와 사랑을 통해 현실화, 또는 실현하는 데 있다. 그리고 이 실현화는 분명히 하나님과의 관계에서 일어난다. 그

---

10) Richard Woods, *Christian Spirituality: God's Presence through the Ages*. Chicago: Thomas More, 1989, p 340; rev. ed. Allen, TX: Christian Classics Thomas More, 1996.

렇게 생각하면, 영성은 구체적으로 종교적인 것이 될 수 있다. 그리고 이것이 믿는 이들의 공동체인 교회 안에서 역사하시는 성령을 통해서 예수 그리스도와 하나님과의 관계 속에서 이루어질 때, 그 영성은 분명히 기독교적인 것이 된다.

이런 광범위한 기초를 가진 인간론적 방법론에서 볼 때, 영성의 주제는 종교적이나 기독교적인 표현에만 국한되지 않는다. 영성 연구는, 기독교 영성도 마찬가지로, 인간 영혼이 표현해내는 모든 것들에 대해서 이해할 것을 요구하고 있다. 따라서 영성은 이미 신학적 진리와 도덕적 원리들로 계시되고 받아들여진 것들을 적용함으로 단순히 신앙을 실천하는 데 관심을 두는 학문이 아니다.

이런 의미에서 영성을 연구하는 것은 인간 체험의 전체 차원에 관심을 기울여야 하고, 그래서 교차 문화적(cross-culture), 학제간적(interdisciplinary), 종교 대화적(interreligious)이어야 한다. 그 이유는 이 방법론에서 관심을 두는 주제는 단순히 이런저런 여러 종교적 체험과 영적 체험에 관심을 두는 것이 아니고, 인간 경험 그 자체에 관심을 두기 때문이다. 따라서 영성 연구 방법의 가장 전면에 이 가장 광범위한 통찰력과 관점들이 놓여야 한다.

이 인간론적 방법의 장점은 인간 경험의 모든 영역에 관심을 기울이는 점이다. 원칙적으로 보면, 이 전체 영역에서 벗어나는 것은 있을 수 없다. 따라서 인간 경험의 모든 것은 영성의 연구 대상이 된다. 진정한 영적 경험이 어떤 것이고, 어떤 경험이 영적인지 선입관을 가지고 미리 판단하는 것은 없다. 따라서 이 인간론적 방법은 지시적(prescriptive)이기보다는 묘사적(descriptive)이고, 분석적(analytical)이기보다는 건설적(constructive)인 것이 된다.

그러나 인간 경험의 모든 차원에 우선적인 관심을 두는 이 인간론적 방법에도 단점이 있다. 그것은 영적 경험을 자유분방하게 풀어놓아서, 인간 영혼의 다양한 표현을 엄격하게 분별하고 판단하는 것을 회피하는 경향이다. 예를 들면, 자기 초월을 통한 인격 통합 과정에서 우리가 가지고 있고 추구하고 있는 가치가 참으로 값진 것이라는 것을 어떻게 확신할 수 있는가? 그래서 이 방법론에는 진정한 영적 경험—더 명확히 말하면 인간 경험—이 무엇인지 그것을 인식할 수 있는 규범적인 표준을 명확하게 세우는 것이 필요하다.

상관적 방법론

영성을 연구하는 네 번째 방법은 상관적 방법인데, 이것은 인간론적 방법과 어느 정도 유사성을 가지고 있다. 그러나 상관적 방법이 관심을 기울이는 것은 기독교 영성생활이다. 이 기독교 영성생활에 대한 이해는 해석과 적용을 통해 이루어지고, 이 해석과 적용을 하는 목적은 적절한 이해(appropriation), 즉 개념적이고 이론적인 것이 아닌 변화를 주는 진정한 이해에 있다. 성경 말씀, 예술, 음악, 사람, 건물, 춤, 대중 종교, 성례전 등은 그 의미를 이해하기 위하여 심혈을 기울여 해석되어야 한다.

이 방법의 핵심적 신념은 모든 진정한 이해는 변화를 준다는 데 있다. 즉 의미, 목적, 가치 등이 내부에서부터 이해되기 시작할 때 그것들은 무엇인가를 변화시킨다. 이것은 단순히 본문을 문자적으로 읽는 것 그 이상이다. 과거나 현재의 영적 경험이나 운동 등을 해석할 때, 우리의 선입관이나 강하게 붙들고 있는 신념에 질문을 던질 것을 요구한다. 해석은 모든 말씀 뒷면에 질문들이 숨어 있으므로 결코 단순한 것이 아니다. 그래서 기록된 본문을 해석할 뿐만 아니라, 그 본문이 침묵을 지키고 있는 것, 말하고 있지 않은 것, 그 본문이 갖는 전제 등을 점검해 보아야 한다. 이 본문이 시작하려는 질문은 무엇인가? 본문이 침묵을 지키고 있는 주제는 기독교 전통에서 그동안 잃어버렸고, 무시되어 온 것들을 다시 이해하는 것으로서 중요한 것이다.

이 상관적 방법론은 서로 연관된 세 가지 단계를 가지고 있다. 첫 번째 단계는 영성적 삶을 경험으로 묘사하는 것이다. 상관적 방법론은 다양한 차원의 인간 경험에 관심이 있으므로, 영적 경험을 그 복잡성 차원에서 이해해야 한다. 따라서 심리학, 의학, 사회학, 경제학 등 다양한 학문이 주는 통찰력이 매우 유익하고, 다른 문화권이나 다른 종교권에 사는 사람들의 관점이 도움이 된다. 이 모든 것들은 영적인 삶의 경험이나 그 표현을 묘사하는 데 있어 매우 교훈적이다.

두 번째 단계는 비평적인 분석(critical analysis)이다. 신학적 비평만 이 단계에 행해지는 것이 아니라, 과거나 현재의 영적인 경험의 나타남을 이해하기 위해서 현대 심리학적 연구도 사용되어야 한다. 예를 들면, 몇몇 신비주의 저서에 자세히 기록된 장기 금식 같은 고행은 식욕 감퇴라는 현대 심리학의 시각에서 다시 고찰해 보아야 한다. 또한 과거 영적 훈련 중의 하나인 종교적인 복종 같은 것은 개인의 성숙성과 상호 책임성이라는 현대적 연구 측면에서 재검토해 보아야 한다. 따라서 비평적 읽기는 진정한 의미를 깨닫기 위해서 해석할 대상과 격렬히 씨름해야 할 것을 요구한다.

세 번째 단계는 건설적인 해석(constructive interpretation)이다. 기독교 영성생활 연구의 목적은 단순히 그것을 묘사하고, 비평하는 것이 아니다. 이것은 예비 단계에 불과하다. 상관적 방법의 목적은 적절한 의미를 발견할 때

얻어지는 이해를 통해서 개인이 변화되고 확장되는 것이다. 해석자는 힘든 묘사 작업과 비평 작업을 통해서 기독교 영성생활에 대한 이해의 뼈대를 세우게 된다. 과거와 현재의 영적 경험을 묘사하고 비평하는 작업을 통해서 힘들게 얻어진 통찰력은 해석자에게 오늘의 영성에 빛을 던져 주는 깨달음을 준다. 따라서 핵심은 단순히 과거의 본문을 분석하는 것이 아니라, 과거의 통찰력을 현재의 기독교 영성생활에 대한 이해와 삶에 서로 연결 짓는 일이다. 따라서 이런 긴장감 있는 상호 관계를 통해서 이해와 개인적 변화는 이루어진다.

상관적 방법의 약점이 있다면, 그것은 적절한 의미를 발견함으로써 얻어지는 참된 이해는 개인의 변화뿐만 아니라, 공동체와 더 큰 사회 조직의 변화를 가져온다는 전제에 있다. 이 전제가 어느 정도 사실이기는 하지만, 나의 견해로는 어떻게 개인의 변화가 사회의 변화를 효과적으로, 조직적으로 가져올 수 있는지는 밝힐 필요가 있다고 본다.

기독교 영성을 연구하는 위의 네 가지 방법론은 기독교 영성의 삶에 있어서 서로 다른 측면에 강조점을 두고 있음을 기억해야 한다. 각 방법론은 각각의 관심 영역이 있지만, 서로 배타적인 것은 아니다. 네 가지 방법론에서 나온 통찰은 기독교 영성을 더 깊이 이해하도록 도와준다. 어떤 의미에서 가장 좋은 효과를 주는 것이 가장 적절한 방법론이라고 말하는 것이 사실이다. 즉, 어떤 연구에 있어서는 역사적인 방법론이 가장 적절한 것일 수 있다. 그러나 영성이 여러 학문과의 상호 관계 속에 있는 학문이라면, 다른 여러 학문과 방법론이 적절하게 사용되어야 한다.

이미 언급했지만, 내 의견으로는 이 상관적 방법론이 기독교 영성을 연구하는 데 있어서 가장 적절한 방법이라고 생각한다. 이 방법을 기독교 영성 연구에 사용하는 데 있어서 왜 연구하는가에 대한 분명한 이유를 사람에게 주기 때문에 사람들은 기독교 영성을 연구할 수 있게 된다. 그 이유는 기독교 영성생활의 경험을 이해하고, 적절한 방식으로 이 경험을 이해함으로써 사람들이 변화되는 것이다.

새로 나타나는 영성들

앞에서 언급한 일곱 가지 핵심 사항은 성령께서 어디에서(where) 역사하고 있는가를 연구하기 위한 틀로서 위의 네 가지 방법론 중에서 어느 한 가지 방법론을 사용하든지, 아니면 이제 다루게 될 신생 방법론을 사용하든지 항상 염두에 두어야 할 사항들이다.

여권 신장론자, 해방 주의자, 생태학적 의식의 출현, 문화 다원주의, 교회와 사회의 변두리로 밀려난 사람에 대한 인식이 영성 연구에 있어서 새로운 묘사 방법, 분석 방법, 해석 방법을 요구하고 있다. 이들 방법론은 이제 새롭게 출현하고 있는 단계에 있다. 위의 영성 연구를 위한 네 가지 방법론은 여러 가지 면에서 성숙한 단계에 있다고 말할 수 있지만, 이제 다루게 될 다섯 가지 접근법은 아직 발전 단계에 있다고 할 수 있다.

여권주의 영성

여권주의 영성(feminist spirituality)을 여성의 영성(spirituality of women)과 혼동

하지 말아야 한다.[11] 여권주의는 단순히 여성이기 때문에 당한 억압의 경험에서 생겨난 비평적인 세계관이다. 여성으로 억압받았다고 해서 그 여성이 여권 신장론자가 되는 것은 아니다. 그리고 여성만이 여권 신장론자가 되는 것도 아니다. 어떤 사람이 여권 신장론자가 되는 것은 여성에 대한 억압 경험과 억압의 주원인인 가부장제를 분명히 인식할 때이다. 여권 신장론자는 인간에 대한 새로운 이해와 이 이해에 기초해서 세워진 새로운 세계에 대한 비전을 실천하는 데 헌신하고 있다.

여권주의는 종교적인 여성에 의해 시작된 것은 아니다. 그러나 여권 신장론자 이론과 실천을 처음으로 형성하기 시작한 몇몇 여성들은 종교에 관심이 있었다. 그 결과 몇몇 여권 신장론자 이론과 실천에 관한 생각들이 교회와 다른 종교에 속한 여성들에게 신속히 받아들여지게 되었다.

여권주의의 영향은 교회에 급속도로 퍼져 갔다. 그래서 어떤 여성들은 자신들의 성 때문에 당한 억압 경험에 대한 인식을 표현하기 시작했고, 기독교 전통에서 종종 감추어져 왔고, 한계로 밀려난 많은 여성의 이야기를 부활시키기 시작했다. 여성의 경험이 천천히 고통스럽게 이야기되면서부터 하나님, 그리스도, 교회, 성례전 그리고 영성생활의 모든 차원에 대한 여

---

11) 기독교 여권주의 영성에 대한 것은 다음의 것을 참조하라. Anne E. Carr, *Transforming Grace: Christian Tradition and Women's Experience*. San Francisco: Harper & Row, 1988; 참조. Sandra N. Schneiders, *Women and the Word: The Gender of God in the New Testament and the Spirituality of Women*. Mahwah, NJ: Paulist, 1986. 나는 Sandra Schneiders 저서를 "Feminist Spirituality" in *The New Dictionary of Catholic Spirituality*. Michael Downey, ed. Collegeville, MN: Liturgical Press. 1993, pp. 394-416 에서 인용했다.

성들의 경험이 이제 여성이기 때문에 감추어지고, 주변으로 밀려난 경험으로 교체되기 시작했다.

여권 신장론자적 사고 방식이 성서 연구와 신학, 윤리를 새로운 방법으로 연구하고 고찰하는 것을 요구하고 있듯이, 여권주의 역시 기독교 영성 연구에 신선한 접근법을 요구하고 있다. 내 견해로는 이 여권주의 영성의 접근법이 갖는 주된 관심은 여성 억압이라는 멍에 밑에서 그동안 무시되고, 감추어져 온 영적인 경험을 회복하고, 여성의 경험을 이야기할 뿐만 아니라 여성에 의해서 경험된 하나님을 이야기하려는 데 있다고 본다. 최근 발간된 연구 서적들을 보면, "하나님은 누구인가?"라는 핵심적인 신학적 질문에 대해서 여성적인 시각으로 신선하고, 설득력 있는 대답을 하고 있다.[12]

영성 연구에 대한 여권주의적 접근법이 분명하게 형성되어 있는 것은 아니지만, 여권주의 영성의 윤곽은 꽤 분명하다. 기독교 여권주의 영성은 여성의 억압 경험과 인간의 삶, 역사, 세계, 교회에 대한 새로운 비전에 비추어 억압으로부터 해방하기 위한 투쟁에 기초하고 있다. 여권주의 영성에는 계층주의적 이원론, 특히 여성 위에 남성이 있다는 계층주의를 날카롭게 비평하고 있다. 이런 여성에 대한 남성의 우월감이 여성 억압의 뿌리가 되고, 그리고 다른 종속 관계를 만들어 내는 핵심적, 실용주의적 지배 관계의 뿌리가 된다. 여성의 육체는 월경, 임신, 출산 등으로 인해 남성의 육체보다 더 비천하고 불결하다고 여겨져 왔다.

---

12) 다음의 예를 보라. Elizabeth A. Johnson, *She Who Is: The Mystery of God in Feminist Theological Discourse*. New York: Crossroad, 1992.

따라서 여권주의적 영적 경험에는 모든 종류의 이원론 특히 물질을 경멸하고, 이것과 강한 대조를 통해서 영이나 영혼을 칭송하는 이원론을 극복하려는 노력이 있다. 여성의 육체를 경시하는 이런 동일한 이원론적 사고방식이 여성을 범하고, 창조 세계의 낮은 형태로 사용되는 결과를 가져왔다. 따라서 물질과 영혼, 육체와 마음을 통전적인 방식으로 재통합하려는 의식적인 노력이 있듯이, 생물계와 전체 창조 세계와의 관계를 비이원론적이고, 비 종속적인 관계로 만들려는 강한 노력이 있다.

여권주의 영성에서는 이야기(narrative)와 의식(ritual)이 핵심적인 역할을 하고 있다. 이야기는 여성에 의해서, 그리고 여성에 대해서 이야기되는 형식이다. 그리고 예식은 참여를 강조한다. 이 예식은 사제나 목사 한 개인에게 초점이 맞추어진 주류 교회의 계층주의적이고, 관람 위주의 예식과는 대조적이다.

마지막으로 여권주의 영성은 그 근원에 있어서 개인 성장과 사회 체계 속에서 정의를 실천하는 것 사이에 분명한 관계를 맺으려고 노력해 왔다. 이는 여성이 당하는 억압이 개인으로서 당하는 것이 아니라, 도리어 여성들이 속해 있는 사회-정치적, 경제적, 종교적인 체계 속에서 이루어진다는 점이다. 따라서 여권주의는 "개인적인 것은 정치적이다."라는 통찰력을 갖게 되었다. 여권주의에서 이야기하고 있는 영적인 변화는 개인적이면서 정치적이고, 사적이면서 공동체적인 면에서 이루어진다.

여성들에게 있어서는 사역, 지도력, 권위, 의사 결정에 대한 신학적 사상과 교회 구조가 인간의 온전성을 실현하는 데 방해가 되고 있으므로 기독교 여권 신장론자, 특히 가톨릭 여권 신장론자들은 큰 부담을 안고 있다. 어떤 이들은 기독교 특히 가톨릭교회가 절망적인 수준에서 성 차별적이고 억압적이어서 영적인 생존을 위해 교회 밖으로 나가고 있다. 그러나 다른 이들은 교회 변화를 안에서부터 시작해서, 해방하는 복음이 우리의 다음 세대에게까지 전달되게 만드는 작업을 하고 있다. 이와 같은 기독교 여권주의가 더 많은 여성과 남성들에게 교회와 세상 속에 있는 하나님의 임재에 대한 분명하고 도전적인 표징이 되고 있다.

해방 영성

새로운 접근법과 방법론을 요구하고 있는 두 번째 기독교 영성생활의 경험은 제삼 세계, 특히 라틴 아메리카에서 이루어지고 있는 해방을 위한 투쟁이다. 해방 영성도 여권주의 영성과 마찬가지로 억압의 경험으로부터 시작되었다.[13] 그러나 해방 영성에서는 가난한 자—여성, 남성, 어린이—의 억압 경험에서 비롯된다. 성경의 하나님 말씀이 가난한 자와 억압 받는 자의 입장에서 들려질 때 그것은 해방하고 힘을 주는 메시지가 된다. 해방 영성의 주된 관심은 성령께서 믿는 자들에게 사랑 안에서 진리의 삶을 살고, 진리를 행하게 하시는 그 충만한 삶에 대해 그런 삶을 살지 못하게 하는 것에서 자유롭고 해방되려는 인간의 투쟁에 참여하는 것이다. 해방 영성에는

---

13) 라틴 아메리카의 해방 영성에 대한 좋은 예는 다음과 같다. Gustavo Gutiérrez. *We Drink from Our Own Wells: The Spiritual Journey of a People.* Maryknoll, NY: Orbis, 1984; 또한 Jon Sobrino의 논문 "Spirituality and the Following of Jesus" in Ignacio Ellacuría and Jon Sobrino, eds. *Mysterium Liberations: Fundamental Concepts in Liberation Theology* Maryknoll. NY: Orbis, 1993, pp. 677-701: 참조. Roberto S. Goizueta. *Caminemos con Jesús: Toward a Hispanic/Latino Theology of Accompaniment.* Maryknoll, NY: Orbis, 1995.

성례전과 삶, 예배와 일상생활의 윤리가 본질적으로 연결되어 있다는 의식이 강하다. 그러나 이 본질적인 연결은 개인의 삶 뿐만 아니라, 그의 주변에 있는 사람들의 삶에도 관계되어 있다. 예배 때에 들려지고 선포된 용기를 주고, 힘을 주는 하나님의 말씀은 사회-정치적이고 경제적인 삶을 포함한 삶의 모든 차원에 영향을 준다. 그 결과 해방 영성은 구조적, 기구적, 개인적 차원에서의 변화를 추구한다.

해방 영성은 하나님의 보편적인 사랑과 구원에 그 뿌리를 두고 있다. 그러나 가난한 자들과 압제당하는 자들이 교회와 사회의 주변으로 밀려났기 때문에 해방 영성은 가난한 자들에 대한 우선권을 강조하고 있다. 하나님의 복음과 구원이 모든 인류에게 제공되는 것은 가난한 자들을 향한 하나님의 우선적인 선택과 이에 대한 인간의 참여를 통해 이루어진다. 하나님의 해방하시고 구원하시는 말씀이 보편적으로 전 세계에 전해지는 것은 가난한 자들 속에서, 가난한 자들을 통하여 이루어진다.

기독교 영성생활의 경험을 이해하는 데 있어 가난한 자들과 압제당하는 자들의 해방을 위한 투쟁이 중요한 자리를 차지하고 있다. 그것은 다음 두 가지 이유 때문이다. 첫째, 성경에는 가난한 자들과 민중들, 약자들에게 우선적으로 해방하고 힘을 주는 하나님의 말씀이 전해진 사례가 가득하다. 둘째, 가난한 자들의 경험에 관심을 돌리는 것은 주류 교회의 신관, 기독론, 교회론, 성례전론 등을 다시 분석할 것을 요구한다. 즉 가난한 자들과 압제당하는 자들의 경험은 주류 교회 신자들로 하여금 그들이 가진 신관을 우상화하는 것을 막는다. 해방을 위해 투쟁하는 가난한 자들이 체험한 하나님에 대한 대안적인 경험이 없다면, 기존의 전통적인 신관은 도전받지 못하게 된다. 기존의 신관에서는 하나님은 무한한 권력을 가진 절대 군주였고, 현상 유지를 보장해 주고, 이 현상 유지를 위해 억압과 가난을 제정하는 그런 하나님이었다. 그러나 가난한 자와 압제당하는 자들의 경험은 살아 계신 하나님의 임재를 모든 신자가 경험하기 위해서 기존의 우상 숭배적인 하나님이 대체되어야 할 것을 요구하고 있다.

해방 영성에서 가난한 자들과 연대하고, 자유를 위하여 투쟁하는 것은 가난한 자들에 대해서 뿐만 아니라, 특히 하나님에 대해서 중요한 가르침을 주고 있다. 가난한 자들은 하나님의 초월성을 회상시켜 준다. 왜냐하면, 가난한 자들은 우리들로 하여금 현상을 유지하고, 가난한 자를 계속 가난하게 만들고, 압제당하는 자들을 계속 교회와 사회의 변두리에 남아 있게 만드는 우상 숭배적인 하나님과는 전적으로 다른 하나님을 볼 수 있도록 도전을 주기 때문이다. 하나님은 해방하고 자유하게 하는 말씀을 우선적으로 가난한 자들과 억압당하는 자들에게 주기 때문에 가난한 자들은 약자들이 환영받고, 교회와 사회의 권력 중심부에서 부르심을 받아 혁신적인 전환을 가져오고, 약자와 억압당하는 자와 함께 하고, 기독교 영성생활의 심장과 영혼으로 불리는 사회 변혁을 일으키는 일에 헌신하는 일에서 하나님의 은혜와 임재를 발견할 수 있다는 것을 가르쳐준다.

따라서 해방 영성은 가난한 자들과 압제에 대한 그들의 투쟁에 함께 연대할 것을 요구하고 있다. 그리고 단순히 개인의 권리와 자유만을 요구하는 것이 아니라, 공동체와 사회의 물질적이고 영적인 필요를 채워 주는 정의 추구에 그들과 함께 헌신할 것을 요구하고 있다.

생태 영성

새로운 접근법과 방법론을 요구하고 있는 세 번째 영성 경험은 강한 생태학적 의식(ecological consciousness)이다.[14] 영성 형성에 있어서 이 생태학적 의식과 긴밀하게 연관된 것은 환경에 대한 중요성의 자각이다.[15] 이것의 주된 관심사는 하나님의 성령은 구원을 단지 인간에게만 준 것이 아니라 전체 세계에 주었다는 인식과 함께 인간과 생물계의 관계망에 참여하는 것이다. 생태 영성은 인간의 생명뿐만 아니라 모든 생명체에 주어지는 하나님의 은혜라는 강한 의식 위에 세워졌다. 창조는 단순히 어떤 사실이나, 짐이 아니라 은총이다. 그래서 모든 창조물은 수용되고, 인정되고, 양육되고, 충만한 삶으로 인도되었다.

이런 넓은 의미에서 모든 생명체의 거룩성을 경험한 사람들은 그동안 생명체와 전체 자연계를 다루어 온 인간의 방식이 지구에 엄청난 결과를 가져왔다는 것을 깨닫게 된다. 생태계 균형의 파괴로 인해 동물과 식물, 무생물에 이르기까지 그 피해는 너무 커서 돌이킬 수 없는 지경이 되었다. 오늘날 산업의 발전과 오염, 침식 등은 모든 생명체의 관계망인 자연환경의 생존을 위협하고 있다.

생태 영성의 시작은 근본적으로 자연환경을 실용적인 목적을 위해서 보호하려는 열망에 있지 않았다. 즉, 여기에서 관심은 인간이 자신의 생존을 위해서 무생물체에 의존하고 있으므로 자연이 인간에게 유용하다고 판단되어서 자연을 우선 보호하려는 것이 아니다. 도리어 생태학적 의식은 하

---

14) 생태학적 영성에 대한 좋은 예는 다음과 같다. Leonardo Boff, *Ecology and Liberation: A New Paradigm*. John Cumining, trans. Maryknoll, NY: Orbis. 1995, 특히 *World Consciousness to Mysticism*의 3장을 참조하라.

15) 다음을 참조하라. Belden Lane, *Landscapes of the Sacred; Geography and Narrative in American Spirituality*. Mahwah, NJ: Paulist, 1988.

나님의 창조물에 대한 강한 거룩함과 모든 창조물에 임재하시는 하나님의 현존에 대한 인식에 따라 형성되었다. 따라서 창조계는 오용(誤用)되어서는 안 된다. 생물체와의 관계에서 인간이 취할 수 있는 유일한 반응은 지배가 아닌 존경, 더 분명히 말하면 경외감이다.

생태 영성을 깊은 관상적 영성으로 만드는 것이 바로 이 경외(敬畏), 놀라움, 경이로움이다. 이런 관점에서 볼 때, 관상이라는 것은 사람과 모든 창조물을 비실용주의적인 관점에서 바라보고, 또한 그렇게 살아가는 것을 말한다.

관상적 삶에서는 타인과 물건, 그리고 하나님까지도 그들의 유용성 때문에 바라보는 것이 아니라, 그들의 존재 자체로 인해서 그들을 바라본다. 오늘 우리의 문화인 모든 사람과 사물을 실용적인 관점에서 바라보고, 우리의 필요를 채워 주고, 무엇을 줄 것인가 하는 사고방식으로 모든 것을 바라보고 평가하는 자본주의적 소비주의 문화 속에서 이런 새로운 생태학적 영성이 생겨나고 있는 것이 얼마나 중요한 일인가?

다원주의 영성

새로운 묘사법, 분석법, 해석법을 요구하고 있는 네 번째 영성의 표현은 문화 다원주의(cultural pluralism)에 대한 인식이다. 오늘날 종교에 대한 대부분의 접근법에서는 종교적 표현에 있어 엄청난 다양성이 있다는 인식이 있다. 그리고 다양한 영성을 조성하는 다양한 문화에 관해 관심이 집중되고 있다. 이는 특별히 인간의 목적과 일치해서 자연계에 주어진 것의 확장이며 변형이다. 사과는 자연이지만, 애플파이는 문화이다. 애플파이는 파티의 음식으로 사용될 뿐만 아니라, 매우 광범위한 상징적 의미를 전달해 준다. 마치 누구누구는 엄마가 애플파이를 만들어 주는 것 같은 그런 따뜻한 미국인이라는 것과 같다.

문화는 인간의 삶에 있어서 가장 중요한 요소인 가족, 공동체, 자식, 성, 사회적 위치나, 인간의 옳고 그름에 대한 신념이나, 신성한 것 등과 관련된 근본적인 의미와 목적을 전달하는 총체적인 수단이다. 따라서 문화는 예술, 음악, 문학, 춤, 법률, 예식, 예절, 옷 입는 법 등과 같은 것들을 포함한다.

기독교 영성을 연구함에 있어서 문화의 다양성(cultural diversity)에 대한 중요성을 인식하고 있을 뿐만 아니라, 문화 다원주의에 대한 중요성에 대해서도 사람들이 많은 인식을 하고 있다.16) 문화 다원주의에 대한 인식으로 형성된 이 접근법에서는 서로 다름은 단지 참을 수 없는 것이 아니라, 감사하고 존경해야 하는 것이다. 다양하고 상반되는 것 같은 문화들은 화해 불가능한 것이 아니라, 변증법적으로 분리될 수 없는 것이다. 각 문화는 그 속에서 무엇인가를 열어 보여주는 독특한 곳이고, 영적인 삶에 대한 우리의 시각이 협소하고 편협해지지 않으려면 이런 각각의 문화가 필요하다. 그리고 여기서는 문화를 통해 표현되는 영성들을 발견하고, 이것을 이해하는 다양한 방법들에 주된 관심을 두고 있다. 이 작업은 어떤 방법으로든 문화 지배(cultural hegemony)를 하려는 경향에 대해서 강한 경계를 해야 한다. 지배적인 문화는 참된 의미와 목적과 가치를 추구하려는 인간의 보편적인 추구

---

16) 이러한 차이의 명백성을 위해서 다음을 참조하라. Diana L. Eck, *Encountering God: A Spiritual Journey from Bozeman to Banaras*. Boston: Beacon, 1993.

속에 현존하시는 살아 계신 하나님의 자기 계시에 대해 침묵하기 때문이다.

한계성 영성

새로운 연구 방법을 요구하고 있는 다섯 번째 기독교 영성생활의 경험은 한계성(marginality)이다.[17] 여기서 주된 관심사는 교회와 사회의 주변과 변방(邊防)에 있는 사람들의 대안적인 경험에 참여하는 것이다. 변두리는 끝을 의미한다. 이 단어는 공책 모서리의 공백, 아무것도 쓰이지 않은 빈구석을 가리킨다. 그리고 변두리는 중심에 의해서 결정된다. 중심은 중요하고 핵심적인 장소이지만, 변두리는 별 볼 일 없는 곳이다. 이 변두리 개념을 사람과 그룹에 적용해 보면, 변두리에 사는 사람들은 하찮고, 별로 중요하지 않고, 제 목소리도 없고, 잊힌 사람들이다. 교회와 사회의 변두리에 사는 사람은 그들의 존재가 중심부, 주류에 속해 있는 사람보다 덜 중요한 사람들로 평가된다.

변두리에 있는 사람들은 종종 그들의 인종, 성, 성적 선택, 종교적 신념, 육체적, 정신적 장애, 경제적 상태 때문에 중심으로부터 밀려난 사람들이

---

17) Rebecca Chopp은 다음의 책에서 한계성에 대한 성서학적 해석을 발전시켰다. *The Power to Speak: Feminism, Language,* God. New York: Crossroad, 1989. 특별히 페이지 pp. 43-46을 참조하라. 또한 Michael Downey의 *Worship: At the Margins: Spirituality and Liturgy*. Washington, DC: Pastoral Press, 1994.를 참조하라. 한계성에 대한 나의 접근법을 개발함에 있어 나는 다음의 책에 많이 의존했다. Elizabeth Janewav, *Powers of the Weak*. New York: Knopf, 1980.

다. 이들이 주변으로 밀려난 이유는 수없이 많다. 영향력과 권력의 중심부에 있는 사람들과 대조해 볼 때, 변두리 사람들은 약하고 힘이 없다. 그들이 자신들의 존재를 영원히 한계적인 삶으로 받아들이게 될 때까지 말이다. 이것은 중심부 사람들이 더 이상 그들을 향해 변두리 사람, 변방 사람, 목소리 없는 사람이라고 하지 못한다는 것을 깨닫는 것이다. 이런 인식은 약하고 힘없는 그들에 의해서 약한 것을 강하다고 부르고, 이것을 수용하는 길고 고통스러운 작업을 포함한다. 따라서 약하고 힘없는 자들의 경험으로 만들어진 권력에 대한 새로운 관점에서 보면 변두리는 중심으로 변화된다. 여기서 권력은 유명하고 힘 있는 사람들과는 다른 부류의 사람들을 밀어내고, 지배하고 통제하는 것이 아니라, 그들이 충만한 삶을 살도록 해주는 것이다. 한계성에 관한 관심으로 동기 부여된 기독교 영적 경험에 대한 접근법은 교회와 사회에서 힘없고 약한 자들의 경험을 살펴볼 때 비로서 시작된다. 묘사되고, 분석되고, 해석된 것들은 광범위한 기독교 영성생활의 대안적 경험을 말해준다. 약자와 힘없는 자들에 의해서 이제 그들은 제 목소리를 발하게 되었고, 변방에 있는 사람들은 그들 자신의 목소리로 자신의 방식대로 말하기 시작했다. 따라서 이 방법론의 초점은 별 볼 일 없고 중요하지 않고 무가치하고 잊히고 그림에서 사라진 것으로 평가됐고, 지금도 그렇게 평가되고 있는 이런 변두리 사람들과 그들의 사건, 그들의 움직임에 있다. 다른 방법으로는 알 수 없는 하나님에 대한 중요한 그 무엇을 한계인들의 삶과 우리들의 한계적 차원의 삶에서 알 수 있다는 것이 이 방법의 핵심적인 신념이다.

   기독교 영성생활을 이해하기 위한 위의 새로운 다섯 가지 접근법은 새로운 묘사 방법, 분석 방법, 해석 방법을 요구하고 있다. 새롭게 태동하고 있는 이 다섯 가지 방법론과 이미 앞에서 다룬 네 가지 접근법의 차이점은 다섯 가지 방법론은 엄격한 의미에서 아직 방법론이라고 말할 수 없다는 점이다.

이제 주의 사항을 언급하는 것이 도움이 될 것이다. 이 다섯 가지 접근법은 한 가지 우선적인 관심 사항을 가지고 시작되었다. 이것은 다른 관심 사항을 배제하거나, 자기 초월을 통해서 인격 통합을 추구할 때 다루어야 할 광범위한 인간 경험의 다른 차원을 무시할 경향이 있다.

이 태동하고 있는 다섯 가지 접근법이 훌륭한 방법론의 형태를 갖추게 되면, 여러 가지 관심 사항들—여성, 유색인, 어린이, 게이, 레즈비언, 장애인, 억압받는 제삼 세계 사람들, 무생물의 필요—을 가진 다양한 그룹들 속에서 기독교 영성생활에 대한 공통된 방법론을 어떻게 형성할 수 있는지에 대한 분명한 조언이 더 많이 필요하게 된다. 이 단계에서는 상당량의 희생적인 언어가 있고, 이것과 함께 마치 자신들의 고난이 가장 심하고 총체적인 사례인 것처럼 만들려고 한발 앞서고, 한 치 높이 올라가려는 경향이 생긴다. 따라서 이들 접근법이 분명한 방법론적 형태를 갖추게 될 때 필요한 것은 억압, 압제, 무시로부터 자유로워지려는 열망을 더 분명히 묘사하는 것이고, 공동의 선을 함께 추구하려는 이 접근법들 사이의 관계의 본질을 명확하게 밝히는 것이다.

영성 교육

기독교 영성을 연구하는 사람들 사이에서 계속 제기되는 질문은 만일 영성을 가르칠 수 없는 것이라고 한다면, 어떻게 기독교 영성을 가르칠 수 있는가 하는 물음이었다.[18] 성 요한 클리마쿠스(St. John Climacus)에 의하면, 영성은 마치 기도와 같이 가르칠 수 없다는 인식을 하게 된다. 그는 다른 사람에게 기도를 가르치는 것은 불가능한 일이라고 주장했다. 마치 시각장애인에게 보는 것을 가르칠 수 없는 것처럼, 기도를 다른 사람에게 가르칠 수 없는 것이다. 그러나 우리가 하려는 것은 시력이 있어서 눈을 떠서, 보고, 이해할 수 있는 사람에게 용기를 주려는 것이다.

기도와 영성을 엄격하게 동일한 것이라고 말할 수는 없다. 그리고 요한 클리마쿠스의 주장은 어느 수준에서만 도움이 되는 것이다. 영성생활에 있어서 스승이 필요하다는 것은 많은 사람이 동의하고 있는 사실이다. 위대한 종교들은 영적인 길을 인도하는 위대한 스승들이 있다. 영적인 전통을 후대에 계승해 주는 것은 인간 역사에 있어서 가장 오래된 훈련 방식이다. 그러나 어떻게 영성을 가르칠 것인가 하는 문제는 상황과 장소, 스승과 제자 사이의 관계의 본질, 더 나아가 영성을 가르치는 교육적 환경에 달려 있다.

만일 영성을 가르치는 교육적 환경이 종교와 관련된 대학이든지, 목회 기관이나 교구 기관, 또는 신학교나 수도원이라면, 영성을 가르치는 것은

---

18) 영성을 가르치는 것에 대한 다른 견해로는 Bernard McGinn, "The Letter and the Spirit: Spirituality as an Academic Discipline." *Christian Spirituality Bulletin* 1/2 (Fall 1993), pp. 1, 3-10; Sandra M. Schneiders, "Spirituality as an Academic Discipline: Reflections from Experience." *Christian Spirituality Bulletin* 1/2 (Fall 1993), pp. 10-15; James A. Wiseman, "Teaching Spiritual Theology: Methodological Reflections." *Spirituality Today* 41 (1989). pp. 143-159.

종종 신앙 형성적(formative)이고, 고백적(confessional)인 성격을 띠게 된다. 이런 교육 상황에서는 영성을 가르치는 교사는 학생들에게 신앙을 형성해 주는 역할을 하게 된다.

그러나 교육 환경이 교회와 관련 없는 일반 대학이라고 한다면, 개인적인 종교적 헌신과 영적 훈련이 영성을 연구하고 가르치는 데 있어서 명확한 역할을 하지 못한다. 강의 주제가 영성생활에 대한 본문이나 논문일지라도 조사와 연구의 통전성을 지키기 위해서 일반적 규범을 고수하게 된다. 이런 상황 속에서는 신앙을 형성해 주는 경험으로서의 영성 전달은 학문적 체계 밖에서 이루어진다.

첫 번째 교육 환경에서 신앙을 형성시켜 주는 차원에서 영성을 연구하고 가르치는 것은 개종의 형태를 취할 위험이 있고, 아니면 단지 학생의 개인적인 풍성함을 채워 주는 역할만 하게 된다. 그러나 다른 한편, 두 번째 교육 환경은 영성을 연구하는 데 엄격한 종교적, 영적인 헌신을 하지 않으려는 것 때문에 올바른 이해를 추구하는 데 있어서 한 부분인 참여적이고 형성적인 차원에 단지 짧은 고백만을 하게 만든다.

영성은 주로 경험으로서의 영적인 삶을 다루고 있으므로 영성을 연구하고 가르치려는 사람들은 그들 자신의 영적인 삶을 갖고 들어오게 된다. 사람들은 영적인 경험을 이해하고, 이 이해로 자신들이 변화되기를 바라는 마음으로 영성을 연구하고 가르친다. 즉 영성을 연구하고 가르치는 것은 다른 학문보다 더 참여적이고, 자기 적용적이다.

그러나 주의할 것이 있다. 영성을 공부하는 목적은 설교나 교리 문답을 하는 목적과 다르며, 영성을 연구하고 가르치는 것은 단지 개인의 발전이나 학생의 자기 충족을 위한 것도 아니다. 도리어 영성생활을 더 깊이 이해하기 위한 것이다. 이 목적을 이루기 위해서, 영성을 연구하고 가르치는 것은 반드시 다음 세 가지 차원을 포함해야 한다.[19] 이 세 가지 차원에 관심을 가질 때 "왜 영성을 공부하는가?", "왜 영성을 가르치는가?"라는 질문에 명확성을 갖게 된다.

첫째, 영성을 연구하고 가르치는 사람은 영성의 삶에 대한 학문적인 집합적 지식에 공헌하기를 힘써야 한다. 이것은 자신뿐만 아니라, 다른 사람들도 영적인 삶의 경험을 이해할 수 있게 하려면 엄격한 조사와 해석의 훈련이 필요하다.

둘째, 영성에 대한 더 깊은 이해를 얻게 되면서 학생과 교사는 이 과정에서 자신들이 변화되는 것을 발견하게 된다.

셋째, 한 개인의 영성에 대한 형성적인 이해는 영성을 연구하고 가르치는 것을 통해서 자기 자신을 뛰어넘게 되고, 그렇게 함으로써 타인의 영적인 성장과 발전에 공헌하게 된다.

결론

과거 역사 속에서 기독교 영성은 엄격한 학문적 주제가 되어왔지만, 오늘날 기독교 영성을 연구하는데 새로운 방법과 접근법을 요구하게 되었다. 앞에서 영성 연구에 있어서 무엇을(what) 연구하고, 어디에(where) 서서 연구

---

19) 슈나이더는 영성을 연구하는 목적을 "기독교 영성 훈련의 삭제할 수 없는 3중의 결말"을 의미한다고 본다. Sandra M. Schneiders, "Spirituality in the Academy." *Theological Studies* 50/4 (1989), p. 695.

하고, 어떻게(how) 연구하고, 왜(why) 연구하고 가르치는지를 이미 고찰해 보았다.

영성 연구 분야에 있어서 가장 뛰어나고 탁월한 신학자들도 영성의 삶을 사는 것이 그것을 연구하는 것보다 실존론적으로, 존재론적으로 우선한다는 것에 쉽게 동의하고 있다는 것을 이 장을 마무리하면서 다시 한번 지적하고 싶다. 그렇지만 우리의 것이든 아니면 과거나 현재의 다른 사람들의 영적 경험이든지 이 경험으로서의 영성생활에 대한 진정한 이해는 성령 안에서 그리스도의 성품으로 변화되려는 노력에 도움을 준다.

제7장

체계화된 기독교 영성

 이 책에서 다루고 있는 "기독교 영성의 이해"란 과연 무엇을 말하는 것인가? 만일 우리가 과거 많은 기독교 영성 접근법들의 특징인 과도하게 경직된 영성과 달콤한 영성을 피하려 한다면, 영성은 즉시 감정적이고, 이성적인 것이 되어야 한다. 그리고 영성의 많은 경향과 움직임들이 일어나고 있는 오늘의 영성의 모습 속에서 이런 감정적이고, 이성적인 영성을 분별한다고 한다면, 그것은 체계화된 영성이 되어야 한다. 이 책에서 논의했던 영성의 이해에 근거해서 체계가 잡힌 성숙하고 진정한 기독교 영성은 과연 어떤 모습일까?
 먼저 체계화된 기독교 영성은 인간에 대한 통전적인 이해에 뿌리를 두고 있다. 이것은 경험으로부터 시작된다. 친밀함과 성을 포함한 영성의 관계적이고, 상황적인 차원에 많은 관심이 집중되고 있다. 모든 기독교 영성의 관계망은 사랑의 관계 속에서 신성과 인성이 교제하고 있는 삼위일체 그 자체의 삶이다. 다른 말로 하면, 모든 기독교 영성은 삼위일체적(trinitarian)이다. 기독교 영성은 삼위일체적 뿌리를 쉽게 벗어나기 때문에, 체계화된 영성은 영성생활의 계발에 있어서 신학의 형성 과제(formative task)와 그것이 갖는 중요한 역할을 인식해야 한다.
 오늘날에는 영성의 기초로써 성례전적이고 성서적인 것에 대한 강조가 있었다. 그리고 거룩함에로의 보편적인 부르심을 인식하게 되었고, 이로써 영적인 엘리트 개념을 제거하게 되었다. 목회자와 수도자들을 위한 영성들도 이런 감각들을 보유하고 있다. 시대마다 인간과 영적 발달 사이의 상호 보완성에 대한 상당한 인식을 두고 참된 자아에 대한 탐구에 많은 관심을 쏟아왔다. 참된 자아를 추구함에 있어서 자기를 분석하는 일과 억압과 부정의 근원에 대해 비평적인 의식을 개발하는 일이 함께 이루어지고 있다. 또한 신앙의 표현으로서 이 시대의 긴급한 요구에 적절하게 정의를 실천하는 것인 기도와 예언자적 행동을 통합시키는 방법을 모색하고 있다. 이런 긴급한 요구들 가운데는 교회와 사회 속에서 여성의 완전한 평등을 향상하는 것이 있다. 또한 많은 관심이 한계인들에게 쏠리고 있고, 그 결과 교화와 사회의 지배적인 사회 상징 질서에 의해 그들의 대안적인 경험이 침묵하고 하찮은 것으로 여겨지게 되었다.

21세기를 들어서며, 과학과 기술 발달에 대해 어떻게 기독교가 적절하게 반응할 것인지의 문제와 핵 파괴의 가능성, 그리고 이전에는 상상할 수 없을 정도의 생태학적 위기 가능성에 관한 관심은 많아졌다고는 하지만 아직도 부족하다. 그리고 21세기에 당면할 여러 문제를 해결하기 위해서 기독교 역사와 전통이 가진 풍성한 것들과 부족한 것에 대해 많은 인식을 하게 되었다. 또한 성령의 역사는 교회에만 한정되지 않고, 여러 다양한 종교 전통과 문화 속에서 활동하고 있음에 대해 깊은 인식을 하게 되었다. 따라서 진정한 인간의 충만함을 위해 기독교와 타 종교 간의 많은 협력이 요구된다.

앞에서 언급한 기독교 영성의 이해라는 기초 위에서, 성령의 임재와 능력 아래서 살기 원하는 현대 그리스도인들에게 몇 가지 길잡이 원리(guiding principles)를 제공할 수 있게 되었다.

기독교 영성을 위한 길잡이 원리

1. 영성은 그리스도인들의 삶의 한 가지 차원만이 아니다. 성령의 임재와 능력 아래 사는 것이 그리스도인의 삶이다. 그리고 그리스도의 성품으로 변화되고, 하나님과 타인과의 교제 가운데 서로 연합된다. 그리고 개인의 인격 통합은 그리스도의 성품으로 변화되는 것을 통해서 이루어진다.

2. 하나님은 사람 간의 관계 속에서 우선적으로 발견되고, 사랑받게 된다. 인간을 향한 하나님의 우선적 다가오심이 인간과 하나님과의 관계에 기초이다. 그 결과 기도, 종교적 훈련, 말씀의 선포, 성례전, 영적 성장과 성숙, 이 모든 것들은 하나님의 임재와 행동에 의존한다.

3. 기독교 영성은 성령의 능력으로 예수 그리스도의 하나님으로 자신을 계시하신 성경의 이야기에 뿌리를 내리고 있다. 기독교 영성과 관련된 상징, 이미지, 개념은 인간 역사 속에서 활동하시고, 창조 가운데 나타나시는 하나님의 이야기로부터 도출되고, 성경과 여러 기독교 저술로부터 끄집어낸다.

4. 기독교 영성은 사랑이신 성령의 능력에 의해 육신이 되신 말씀이신 예수 그리스도와의 관계를 통해서 하나님의 삶에 참여하라는 초대이다. 이 참여는 하나님 생명의 신비 한가운데로 그리스도인을 이끈다. 하나

님과 더 깊은 교제는 동시에 이웃과 더 깊은 교제를 의미한다.

5. 기독교 영성은 기도 즉, 우리를 향하고 계시는 하나님과의 지속적인 관계를 계발함으로써 발전한다. 영성생활은 역사 속에서 활동하시고, 창조 속에 나타나신 하나님의 지속적인 부르심으로 유지되고 충만하게 되며, 또한 예수의 삶과 사역, 죽음과 부활을 통해 주어진 구원의 은총을 점진적으로 사용하는 것을 통해서 유지되고 충만하게 된다.

6. 기독교의 성화는 하나님과의 교제를 위해 창조된 인간으로서 진정한 자아로 변화되어가는 것을 포함한다. 존재의 깊은 곳은 이 하나님과의 일치를 향(向)하도록 되어 있다. 거룩하게 됨, 또는 하나님처럼 되는 것은 우리의 참된 자아, 참된 인간으로 형성되어 가는 것을 포함한다.

7. 기독교 영성은 인간의 내적인 차원이나 내면생활이 아닌, 인간이 갖는 여러 차원과 하나님이 세상과 맺고 있는 여러 차원에 관심을 둔다. 현대 영성은 인간이 자기 자신, 타인, 하나님과 관계를 맺게 하는 여러 광범위한 요소들에 큰 관심을 두고 있다. 이것은 사회적, 정치적, 경제적 영역을 포함한다. 즉 개인적, 공동체적 삶의 모든 차원이 기독교 영성에 포함된다.

8. 하나님의 신비는 모든 사람의 교제에 근거하고 있으므로 영성은 사람과 사람, 사람과 피조물, 사람과 지구 자원 간의 관계의 질에 관심을 둔다. 존재하는 모든 것들은 관계적인 하나님으로부터 발생했고, 창조계 전체는 물론 창조계의 각 부분과의 관계 속에 존재한다. 그럼으로써 관계 속에서의 상호 의존이 영성의 핵심이 된다. 이런 영성은 지배/

종속, 권력/무력, 활동/수동이라는 패러다임 위에 세워진 관계 형태를 비평한다. 거룩한 삶의 관계적인 형태가 인간 삶의 규범이기 때문에 차이점을 존중하고, 상호 관계성을 증진하고, 진정한 상호 보완성을 계발하는 관계야말로 거룩한 삶을 보여주는 것이다.

9. 기독교 영성으로 살아가는 사람들은 경제적, 사회적, 정신적, 육체적 능력 때문에 두드러지게 불평등을 당하고 있는 사람들과 공평한 관계를 세우는 데 관심을 가진다. 기독교 영성은 낙담하고 상처를 입고 가난하고 무능한 자들에게 관심을 둔다. 모든 사람은 하나님의 생명 자체에 참여함으로써 사회적 위치나 기능을 초월하여 신성을 소유하게 된다.

10. 기독교 영성은 사람과 사람 사이의 일치감에 관심을 가진다. 이것은 사람 간의 '바르게 질서 잡힌 관계'를 의미하는 정의와 관련된 복음의 삶을 사는 것이다. 이것은 죄와 악으로 인해서 충만한 인간의 삶을 살지 못하게 하는 장애물을 제거하는 일을 포함한다. 죄는 하나님의 뜻을 분별하는 일에 대해 실패한 것이고, 바르게 질서 잡힌 관계를 가진 공동체를 세우는 데에 실패한 것이며, 모든 인간과 생물체 간의 상호 의존성을 존중하지 않으려는 것이며, 하나님과 인간 사이의 조화를 깨뜨리는 분리됨이다. 기독교 영성은 자기 자신, 타인, 하나님과 올바른 관계 속에서 사는 일에 헌신하는 것이다. 이런 올바른 관계를 회복하는 일은 구원의 의미를 담고 있고, 개인의 생활뿐만 아니라, 사회생활의 형태에 폭넓은 의미를 준다.

11. 기독교 영성은 모든 것의 근원이시고 마지막이신 하나님을 향하고 있다. 이것은 성령의 능력 안에서 하나님의 말씀과 교제하고, 모든 피조물과의 관계를 통해서 하나님의 생명에 참여하는 삶이다. 기도, 수덕적인 훈련, 연구, 사도적 활동, 건강한 결혼과 가족생활, 교회 사역, 자비 활동, 성경과 성례전 속에서 부활절 신비를 축하하는 것 등은 신성한 삶에 참여하게 되는 것이다. 하나님의 삶에 더 깊이 참여하는 것은 하나님이 우리와 함께 하시듯 우리가 타인들과 함께 하는 삶의 결과로 인식된다.

12. 기독교 영성의 형태에 있어서 행동과 관상을 날카롭게 대조시켰던 과거 전통은 이제 더 이상 유지할 수 없게 되었다. 하나님에 대한 관상은 다른 사람들을 사랑하는 행동으로 반드시 인도되어야 하고, 기독교적인 행동은 관상적 삶이 주는 통찰력에 뿌리를 두어야 한다.

13. 다가갈 수 없는 빛에 거하시는 하나님은 기독교 신학으로 분석되거나, 통제될 수 있는 분이 아니고, 기독교 영성에 의해 온전히 이해될 수 있는 분도 아니다. 하나님의 신비는 분석과 조직적인 연구와 신학적인 주장을 만드는 것이 아니라, 관상과 조용한 기도를 끌어낸다. 그리고 하나님은 실용주의와 생산성의 법칙으로 통제되지 않는다. 그리고 이와 비슷하게, 하나님의 신비는 어느 한 종교에 의해서 통제되거나 완전히 분석되는 것이 아니다. 따라서 하나님의 신비를 더 충분히 이해하기 위해서 다양한 종교 전통들과 여러 문화가 주고 있는 통찰력을 이해하는 것이 중요하다. 에큐메니칼 운동과 종교 간의 대화를 통하여 여러 종교 간의 교리적인 차이가 영적인 경험 속에서 수렴점을 발견함

으로써 화해될 수 있는지에 대한 문제에 생각이 모여져야 한다.

14. 창조 질서 속에서 살아가야 하는 기독교 영성은 피조된 물질세계에 대한 분명한 청지기 의식을 주고 있다. 다양한 생명체들 간의 상호 의존 같은 현대 생태계의 주제에 빛을 던져 주는 것과 같이, 기독교 영성은 인간과 생물체 간의 관계를 연구하는 데 있어서 비옥한 땅이다.

15. 비실용적인 것으로 이해되었던 관상 기도는, 하나님의 삶에 충만히 참여하지 못하게 하는 자기도취, 실용주의, 끊임없는 불안함에 도전하는 신비적인 경험 속에서 가장 충만하게 표현된다. 진정한 사회적, 문화적 변화는 하나님의 영, 그리스도의 영을 통해서 그리스도 안에서 영원히 계시된 심오한 신비에 대한 관상을 통해 이루어진 영적인 변화가 먼저 있어야 한다.

결론

이 장의 목적은 현대 기독교 영성은 체계적인 영성이 되어야 한다는 데 있었다. 오늘의 기독교 영성을 위해서 길잡이 원리를 밝힌 것은 어느 것이 진정한 영성이며, 어느 것이 그렇지 않은지를 판단하는 잣대를 제공하려고 한 것이 아니었다. 도리어 기독교 영성을 이해하려는 사람에게 나아갈 길의 이정표나 안내판을 주려는 것이었다. 이 기독교 영성에 대한 이해는 우리가 성령의 임재와 역사를 더 깊이 이해하고, 더 충분히 깨닫게 됨에 따라 날로 새로워질 것이다. 영성생활에 대한 우리의 이해는 참된 이해가 생겨날 수 있는 넓은 침묵의 공간을 만들어 감에 따라서 더욱 성장하고 발전할 것이다.

참고 자료

제1장 오늘의 기독교 영성 이해

Jon Alexander, "What Do Rescent Writers Mean By Spirituality?" *Spirituality Today* 32(1980), pp.247-256

Ewert Cousins, gen. ed. *World Spirituality: An Encyclopedic History of the Religious Quest*. New York: Crossroad, 1985-. Three volumes of this monumental 25-volume series are devoted to Christian Spirituality. See *Christian Spirituality* I, II, III. Bernard McGinn, et al., eds. (vols. 16, 17, 18 of the series).

Ewert Cousins, "Spirituality: A Resources for Theology." *Preceeding of the Catholic Theological Society of America* 35(1080), pp. 124-137.

Michael Downey, "Spirituality Writing, Contemporary" in *The New Dictionary of Catholic Spirituality*. Michael Downey, ed. Collegeville, MN: Liturgical Press, 1993, pp. 916-922.

Robert Hamma, "The Changing State of Spirituality: 1968-1993." *America* (November 27, 1993), pp. 8-10.

Bradley C. Hanson, ed. "What is Spirituality?" Part One in *Modern Christian Spirituality: Methodological and Historical Essays*. American Academy of Religion Studies in Religion, no 62. Atlanta: Scholars Press, 1990, pp. 13-61

Donagh O'Shea, "Gaps and Glimpses." *Spirituality* 1(1995), pp. 3-6.

Walter Principe, "Toward Defining Spirituality." *Studies in Religion/ Sciences Religieuses* 12/2(1983), pp. 127-141.

Ronald Rolheiser, *The Shattered Lantern: Rediscovering a Felt Presence of God*. New York: Crossroad, 1995.

Wade Clark Roof, *A generation of Seekers: The Spiritual Journeys of the Baby Boom Generation*. San Francisco: Harper, 1993. See "The 'Religious' and the 'Spiritual,'" pp. 76-79.

Sandra M. Schneiders, "Spirituality in the Academy." *Theological Studies* 50/4(1989), pp. 676-697.

Sandra M. Schneiders, "Theology and Spirituality: Strangers, Rivals, or Partners?" *Horizons* 13/2 (1986), pp. 253-274.

Philip Sheldrake, "What is Spirituality?" in *Spirituality and History: Questions of Interpretation and Method*. New York: Crossroad, 1992, pp. 32-56.

Phyllis A. Tickle, *Re-Discovering the Sacred: Spirituality in America*. New York: Crossroad, 1995.

Friedrich von Hügel, *The Mystical Element of Religion as Studied in Saint Catherine of Genoa and her Friends*. 2 vols. London: J. M. Dent & Sons, 1961.

제2장 기독교 영성이란 무엇인가?

Christian Spirituality I, II, III (vols. 16, 17, 18 of World Spirituality. Ewert Cousins, gen. ed.). Introductions to the 3 vols. New York: Crossroad, 1986-1991.

Harvey D. Egan, "The Mysticism of Everyday Life." *Studies in Formative Spirituality* 10/1 (1989), pp. 7-26.

Richard hardy, "Christian Spirituality Today: Notes on Its Meaning." *Spiritual Life* 28/3(1982), pp. 151-159.

Cheslyn Jones, Geoffrey Wainwright, and Edward Yarnold, eds. *Introduction. The Study of Spirituality*. Oxford: New York: Oxford University Press, 1986.

Jean Leclercq, *Introduction. The Spirituality of Western Christendom*. E Rozanne Elder, ed. Kalamazoo, MI: Cistercian Publications, 1976.

Walter Principe, "Spirituality, Christian" in *The New Dictionary of Catholic Spirituality*. Michael Downey, ed. Collegeville, MN: Liturgical

Press, 1993, pp. 931-938.

Karl Rahner, *Encounters with Silence*. James M. Demske, Trans. Westminster, MD: Newman Press, 1960.

Karl Rahner, "Experience of the Holy Spirit." *Theological Investigations* Vol. 18, pp. 189-210.

Karl Rahner, "Experience of Self and Experience of God." *Theological Investigations* Vol. 13, pp. 122-132.

Karl Rahner, *Foreword. Theological Investigations* Vol. 16.

Karl Rahner, "Is Prayer Dialogue with God?" in *Christian at the Crossroad*. New York: Seabury/Crossroad, 1975, pp. 62-69.

Karl Rahner, "Mystical Experience and Mystical Theology." *Theological Investigations* Vol. 17, pp. 90-99.

Karl Rahner, "Reflections on the Experience of Grace." *Theological Investigations* Vol. 3, pp. 86-90.

Karl Rahner, "Religious Enthusiasm and the Experience of Grace." *Theological Investigations* Vol. 16, pp. 35-51.

Karl Rahner, *Vision and Prophecies*. Vol. 10 of Quaestiones Disputatae. New York: Herder and Herder, 1964.

Frank Senn, ed., *Protestant Spiritual Traditions*. Mahwah, NJ: Paulist, 1986.

Philip Sheldrake, *Spirituality and History: Questions of Interpretation and Method*. New York: Crossroad, 1992.

"Spiritualité" and related articles in *Dictionnaire de spiritualité ascétique et mystique. Doctrine et histoire*. M Viller, F. Cavallera, and J. de Guibert, eds. Paris: Beauchesne, 1932-1995.

"Spirituality" and related articles in *New Catholic Encyclopedia*, Washington, DC: Catholic University of America, 1967-.

Gordon S. Wakefield, "Spirituality" in *Westminster Dictionary of Christian Spirituality*. Gordon S. Wakefield, ed. Philadelphia: Westminster, 1983.

제3장 살아 있는 영성 전통

Louis Bouyer, et al. *A History of Christian Spirituality*. 3 vol. New York: Seabury, 1963-1969.

Christian Spirituality I. II, III (vol. 16, 17, 18 of World Spirituality. Ewerd Cousins, gen. ed.). New York: Crossroad, 1986-1991

Urban T. Holmes, *A History of Christian Spirituality: An Analytical Introduction*, New York: Seabury Press, 1986.

Cheslyn Jones, Geoffrey Wainwright, Edward Yarnold, eds., *The Study of Spirituality*. Oxford; New York: Oxford University Press, 1986.

Philip Sheldrake, *Spirituality and History: Questions of Interpretation and Method*. New York: Crossroad, 1992.

Richard Woods, *Christian Spirituality: God's Presence Through the Ages*. Chicago: Thomas More, 1989; rev. ed. Allen, TX: Christian Classics/ Thomas More, 1996.

Richard Woods, "Spirituality, Christian (Catholic), History of" in *The New Dictionary of Catholic Spirituality*. Michael Downey, ed. Collegeville, MN: Liturgical Press, 1993, pp. 938-946.

제4장 가톨릭 영성의 신학적 방향

Dennis M. Doyle, *The Church Emerging from Vatican II*: A Popular Approach to Contemporary Catholicism. Mystic, CT: Twenty-Third publications, 1992.

Joseph F. Eagan, *Restoration and Renewal: The Church in the Third Millennium*. Kansas City, MO: Sheed and Ward, 1995.

Gerald M. Fagin. ed., *Vatican H. Open Questions and New Horizons*. Wilmington, DE: Michael Glazier. 1984.

Adrian Hastings. ed. *Modern Catholicism: Vatican II and After*. New York: Oxford University Press, 1991.

William A. Kaschmitter, *The Spirituality of Vatican II: Conciliar Texts Concerning the Spiritual Life of All Christians*. Huntington, IN: Our

Sunday Visitor, 1973.

Robert L. Kinast, *Vatican II. Act Il-Called to Holiness.* Collegeville, MN: Liturgical Press. 1992.

Timothy G. McCarthy. *The Catholic Tradition: Before and Afar Vatican II*, 18 78-1993. Chicago: Loyola University Press, 1994.

Timothy E.O'Connell, *Vatican II and Its Documents: An American Appraisal.* Wilmington, DE: Michael Glazier, 1986.

제5장 기독교 영성의 경향

Carol J. Adams, ed., *Ecofeminism and the Sacred.* New York: Continuum, 1993.

Michel Bavarel, *New Communities, New Ministries: The Church Resurgent in Asia, Africa, and Latin America.* Francis Martin, trans. Maryknoll, NY: Orbis, 1983.

Leonardo Boff, *Ecclesiogenesis: The Base Communities Reinvent the Church.* Maryknoll. NY: Orbis, 1986.

Leonardo Boff, *Ecology and Liberation: A New Paradigm.* Maryknoll, NY: Grbis, 1995.

Lavinia Byrne, ccl., *The Hidden Tradition: Women's Spiritual Writings Rediscovered: An Anthology.* New York: Crossroad, 1991.

Joann Wolski Conn, *Spirituality and Personal Maturity: Lanham*, MD: University Press of America, 1994.

Joann Wolski Conn. *Women's Spirituality: Resources for Christian Development.* Mahwah .NJ: Paulist, 1986; 2nd ad., 1996.

Charles Cummings. *Eco-spirituality: Toward a Reverent Life.* Mahwah, NJ: Paulist, 1991.

Michael Downer. *Worship: At the Margins: Spirituality and Liturgy.* Washington. DC: Pastoral Press. 1994.

Richard N. Fragomeni and John T. Pawlikowski, eds., *The Ecological Challenge. Ethical. Liturgical. and Spiritual Responses.* Collegeville,

MN: Liturgical Press. 1994.

Roberto S. Goizueta. *Caminemos con Jesus: Toward a Hispanic/Latino Theology of Accompaniment.* Maryknoll. NY: Orbis, 1995.

Kay Leigh Hagan. ad., *Women Respond to the Men's Movement: A Feminist Collection.* San Francisco: Harper. 1992.

John C. Haughey. ed., *The Faith That Does Justice: Examining the Christian Sources for Social Change.* New York: Paulist Press, 1977.

Margaret Hebblethwaite. *Base Communities: An Introduction.* Mahwah, NJ: Paulist. 1994.

Elizabeth A. Johnson, *Women, Earth, and Creator Spirit.* Mahwah, NJ: Paulist, 1993.

Shannon Jung, *We Are Home: A Spirituality of the Environment.* Mahwah, NJ: Paulist, 1993.

Fred Rammer, *Doing Faithjustice: An Introduction to Catholic Social Thought.* Mahwah, NJ: Paulist, 1991.

Belden Lane, *Landscapes of the Sacred: Geography and Narrative in American Spirituality.* Mahwah, NJ: Paulist, 1988.

Richard Rohr, *Discovering the Enneagram: An Ancient Tool, a New Spiritual Journey.* New York: Crossroad, 1992.

Richard Rohr, *Enneagram II: Advancing Spiritual Discernment.* New York: Crossroad, 1995.

Richard Rohr and Joseph Matros. *The Wild Man's Journey: Reflections on Male Spirituality.* Cincinnati: Saint Anthony Messenger Press, 1992.

Rosemary Radford Ruether. *Gaia and God: An Ecofeminist Theology of Earth Healing.* San Francisco: Harper, 1992.

Sandra M. Schneiders, *Beyond Patching: Faith and Feminism in the Catholic Church.* Mahwah, NJ: Paulist, 1991.

Sandra M. Schneiders, *Feminist Spirituality in The New Dictionary of Catholic Spirituality.* Michael Downey , ed. Collegeville, MN: Liturgical Press, 1993. PP 391406.

Jon Sobrino, *Spirituality of Liberation: Toward Political Holiness*. Maryknoll, NY: Orbis. 1988.

Miriam Therese Winter, et al., eds., *Defecting in Place: Women Claiming Responsibility for Their Own Spiritual Lives*. New York: Crossroad, 1994.

Suzanne Zuercher, *Enneagram Spirituality From Compulsion to Contemplation*. Notre Dame, TN: Ave Maria Press, 1992.

Suianne Zuercher, *Enneagram Companions*. Notre Dame, IN: Ave Maria Press, 1993.

제6장 기독교 영성학

Christian Spirituality Bulletin: The Journal of the Society for the Study of Christian Spirituality provides consistently good essays that address the specific issues pertinent to the study of Christian spirituality.

Modern Christian Spirituality: Methodological and Historical Essays. Bradley C. Hanson, ed. American Academy of Religion Studies in Religion, no. 62. Atlanta, GA: Scholars Press. 1990.